12.80

FRIEDENSPREIS
DES DEUTSCHEN BUCHHANDELS 1992

W0179829

Friedenspreis
des Deutschen Buchhandels 1992

Amos Oz

Ansprachen aus Anlaß der Verleihung

Die Reden, die aus Anlaß der Verleihung
des Friedenspreises des Deutschen Buchhandels
an Amos Oz in der Paulskirche zu Frankfurt
am Main gehalten wurden, wurden zuerst im
Börsenblatt für den Deutschen Buchhandel,
Frankfurt am Main und Leipzig, vom 6. Oktober 1992
(Heft 80) veröffentlicht.

Dieser Text folgt dem gesprochenen Wort.

Copyright © 1992 by Börsenverein des
Deutschen Buchhandels e.V., Frankfurt am Main
im Verlag der Buchhändler-Vereinigung GmbH
Photo: Ron Rotem, Tel Aviv/Israel
Gestaltung: Wolfgang Sprang, Frankfurt am Main
Herstellung: Hans Kühnel
Satz und Druck: Main-Echo Kirsch GmbH & Co.,
Aschaffenburg
Printed in Germany
ISBN 3-7657-1682-0

URKUNDE

Den Friedenspreis des Deutschen Buchhandels
verleiht der Börsenverein im Jahre 1992

Amos Oz

und würdigt damit den herausragenden Schriftsteller
des heutigen Israel.

In seinen politisch engagierten Werken vermittelt Amos Oz
ein lebendiges Bild der israelischen Gesellschaft mit ihren
vielschichtigen und schwierigen Beziehungen der Menschen
untereinander und zu der Welt;
er schildert die Vielfalt der Stimmen im Staat Israel.

Er würdigt zugleich den Mitbegründer
der israelischen Friedensbewegung Peace Now, mit der er
gegen Fanatismus, Gewalt, aber auch gegen
Gleichgültigkeit kämpft.

Amos Oz setzt sich mit aller Kraft für ein dauerhaftes
und friedvolles, für ein gerechtes Zusammenleben
von Israelis und Palästinensern ein –
und zwar in ihrer angestammten Heimat.
Frieden gilt es zu leben, nicht Krieg.
Dies bedeutet für Amos Oz, der die Philosophie des
Kompromisses und der Verständigung vertritt,
gute Nachbarschaft und Fairneß zwischen den Nationen,
Toleranz und Menschlichkeit.

BÖRSENVEREIN DES DEUTSCHEN BUCHHANDELS

Die Vorsteherin
Dorothee Hess-Maier

Frankfurt am Main
in der Paulskirche am 4. Oktober 1992

Dorothee Hess-Maier

Vorsteherin des Börsenvereins des Deutschen Buchhandels

Begrüßung

Der Friedenspreis des Deutschen Buchhandels wurde im Jahre 1950 erstmals verliehen. Im Statut des Friedenspreises heißt es:»Die Stiftung dient dem Frieden, der Menschlichkeit und der Verständigung der Völker.«

Die Geschichte des Friedenspreises zeigt, daß in der Wahl jedes Preisträgers ein politisches Element bestimmend war. Auch in der Vergabe des Preises 1992 an Sie, Amos Oz, den Schriftsteller und Mitbegründer der israelischen Peace Now-Bewegung, wird das deutlich.

Der hebräische Name Oz, den Sie sich gewählt haben, bedeutet»Kraft, Stärke«. Israel, das Volk des Buches, hat Kraft und Stärke immer aus dem geschriebenen Wort geschöpft. Sie, Amos Oz, haben selbstbewußt gesagt, »unsere Pyramiden sind aus Büchern errichtet«. Die Pyramide des Amos Oz hat nicht nur bei der literarischen Kritik Anerkennung gefunden, sondern auch beim Leser. Ihre Werke haben eine Weltauflage von über zweieinhalb Millionen Exemplaren in 25 Sprachen. Ich freue mich besonders, daß ein anderer Schriftsteller, Ihr Freund Siegfried Lenz, auch er Friedenspreisträger des Deutschen Buchhandels, heute die Laudatio auf Sie hält. Sie nennen sich selbst einen Friedensaktivisten, bewußt nicht einen Pazifisten. Sie wollen den anderen – und das heißt für den Israeli Oz vor allem: den Palästinensern – zuhören, mit ihnen die Auseinandersetzung suchen. Aber Sie lehnen es ab, auch die andere Wange hinzuhalten. Den perfekten Frieden – das vermitteln Sie dem Leser Ihres gleichnamigen Buches – gibt es nicht. Der Frieden, den Sie meinen, ist keine schöne Idee, sondern eine sehr praktische, sehr diesseitige, auch sehr mühevolle Alltagsaufgabe – die Organisation des Zusammenlebens mit den Nachbarn. Frieden ist für Sie Kompromiß. Deshalb sind Sie gegen Märtyrertum und für Verhandeln. Das Ringen um die Durchsetzung von Interessen mag zwar langwierig, enttäuschend und manchmal auch erniedrigend sein – aber die Beteiligten haben doch eine Chance auf Erfolg, wenn dieser vielleicht auch nur das reine Überleben bedeutet.

In Europa gibt es wieder Krieg. Die Tragödie im früheren Jugoslawien hat uns hilflos und zu oft auch sprachlos gemacht. Doch deshalb darf die Stimme, die den Frieden fordert, nicht verstummen. Auch in Deutschland selbst ist der Frieden in Gefahr. Aggression schlägt in Haß und Gewalt um.

Der Boden ist brüchig geworden, auf dem wir uns doch so sicher gefühlt hatten. In diesen Tagen müssen wir erleben, wie Gedenkstätten Ziel von Anschlägen werden, von Stätten, die unsere Erinnerung wachhalten wollen – nämlich an Haß und Intoleranz.

Wir Verleger und Buchhändler müssen mit unseren Mitteln verhindern, daß Brandstifter in Deutschland wiederkommen. Wir alle, das geschriebene Wort, unsere Bücher haben hier eine Aufgabe.

Die Reifeprüfung in Toleranz, die wir längst bestanden zu haben meinten – noch liegt sie vor uns. Heute erleben wir in Deutschland wieder Ausschreitungen gegen Fremde, gegen

Menschen anderer Hautfarbe, Sprache und Kultur. Abscheu davor zu bekunden, genügt nicht. Wir müssen kämpfen gegen Ignoranz, Haß und Bereitschaft zur Gewalt. Bücher verbreiten Gedanken, vermitteln Meinungen und Gefühle, auch zwischen Gegnern. Schon das ist ein Schritt in Richtung Frieden, dessen innere Dialektik Sie, Amos Oz, einmal so definiert haben:»Frieden ist eigentlich nur zwischen Feinden möglich.« Ihre Botschaft ist nüchtern. Vielleicht gibt sie gerade deshalb Hoffnung. Wenn wir Ihnen folgen, können wir – mit Ihren Worten – sagen: Wir müssen mit Gegnern, Feinden, Fremden und Nachbarn Frieden schließen –»nicht weil sie nett, nicht weil sie Opfer sind, sondern weil sie da sind«.

Andreas von Schoeler

Oberbürgermeister der Stadt Frankfurt am Main

Begrüßung

Im Namen des Magistrats der Stadt Frankfurt am Main heiße ich Sie zur Überreichung des Friedenspreises des Börsenvereins des Deutschen Buchhandels herzlich willkommen. Ganz besonders freue ich mich, den Preisträger, Amos Oz, und seinen Laudator, Siegfried Lenz, begrüßen zu dürfen. – Selbstverständlich wird mit diesem Preis vor allem das literarische Werk von Amos Oz gewürdigt; doch die Verleihung ist in der gegenwärtigen Situation zugleich ein politisches Signal.

Im Nahen Osten keimt berechtigte Hoffnung. Frieden zwischen Israel und den Palästinensern, zwischen den Israelis und ihren arabischen Nachbarn scheint mehr als nur denkbar, er ist möglich. Nicht von heute auf morgen, sicher nur nach langen und zähen Verhandlungen aller Beteiligten, aber die Chance zur Verständigung ist real.

Amos Oz, einer der bedeutendsten Literaten seines Landes, ist auch ein politischer Denker. Seine Romane und Erzählungen reflektieren die konfliktreiche, widersprüchliche und vielfältige jüngere Geschichte Israels. – Der Mitbegründer der Frieden-Jetzt-Bewegung und Panzerkommandant in den Kriegen von 1967 und 1973 tritt in seinem politischen Engagement ein für Verständigung, nicht für Kapitulation.

In den 44 Jahren seines Bestehens mußte der Staat Israel immer wieder um sein Überleben kämpfen. An guten Ratschlägen von außen hat es ihm nie gemangelt. An tätiger Hilfe in existenzbedrohenden Situationen dagegen oft.

Ich jedenfalls möchte dem israelischen Volk meinen großen Respekt dafür bekunden, trotz aller Bedrohungen eine parlamentarische Mehrheit gewählt zu haben, die um des Friedens willen auch zu territorialen Konzessionen gegenüber den arabischen Nachbarländern bereit ist.

Daß jetzt Frieden als möglich erscheint, ist auch ein Verdienst der Peace Now-Bewegung, der Amos Oz seit ihrer Gründung angehört. Ihre Aktivisten haben entscheidend dazu beigetragen, daß der Mut zum Frieden mehrheitsfähig wurde. Der Frieden, so bemerkt Amos Oz einmal, hat nichts Romantisches an sich, er wird mit Feinden geschlossen. In den Worten von Amos Oz:»Es geht hier nicht um aufkeimende Liebe, sondern um eine faire Scheidung (...). So etwas ist immer heikel, aber gute Geschäftsleute können es regeln.«

Meine Hoffnung ist, daß auch der Friedenspreis 1992 diesen Prozeß fördert.

Denn das Risiko ist groß: Kein Israeli hat die schrecklichen Drohungen vergessen: Die Greueltaten der PLO sind ebenso präsent wie ihre Haltung gegenüber dem irakischen Aggressor während des Golfkrieges. In diesem Zusammenhang will ich auch über die Rolle Deutschlands nicht schweigen. Die Waffen Saddam Husseins, mit denen Israel angegriffen wurde, das Gas, über das der Irak verfügte, waren auch unter Beteiligung deutscher Firmen produziert worden. Jede Bedrohung der Existenz Israels muß uns Deutsche ganz besonders erschrecken. Wir Deutsche tragen eine besondere Verantwortung für die Sicherheit Israels. Vor wenigen

Monaten sagte Amos Oz in einem Interview:»Ich kann mir kaum eine Normalität zwischen Israel und Deutschland vorstellen, wie sie etwa zwischen Bulgarien und Paraguay besteht. Das Ideal ist nicht Normalisierung, sondern Intensivierung, ein tiefer Dialog zwischen beiden Völkern. Die Möglichkeit des Vergessens ist ausgeschlossen, da hilft nur ein fruchtbarer Dialog über die Vergangenheit und die gemeinsame Geschichte.« Ich stimme dieser Beschreibung des Verhältnisses von Deutschen und Israelis ausdrücklich zu. Die nationalsozialistische Barbarei ist ein unauslöschlicher Teil der deutschen Geschichte, unserer Geschichte. Zu Recht wird in Israel und in der ganzen Welt sehr genau und sehr aufmerksam beobachtet, wie dieses Land damit umgeht, wie es sich seiner Verantwortung stellt. – Sicher ist richtig: In Deutschland ist nach 1945 die freiheitlichste Demokratie aufgebaut worden, die es auf deutschem Boden je gab. Auf die Festigkeit dieser Demokratie können wir, können unsere Freunde in der Welt vertrauen. Aber wir Deutsche müssen immer auch wissen: Freiheit und Demokratie sind nicht einmal geschaffen und automatisch dauerhaft gewährleistet. Sie müssen immer wieder neu erworben werden. Deshalb ist nach der Serie rechtsextremistischer und antisemitischer Ausschreitungen der Staat gefordert, alles zu unternehmen, um der Täter habhaft zu werden und sie zu bestrafen.

Deshalb ist aber noch mehr gefordert: Es geht darum, daß eine liberale Öffentlichkeit in unserem Land moralische Hürden gegen Menschenverachtung aufbaut, moralische Hürden, die auch ein aufgeputschter Mob nicht so leicht überwinden kann. Wenn – wie mit dem Brandanschlag in der Gedenkstätte des Konzentrationslagers Sachsenhausen – der Versuch unternommen wird, die Erinnerung daran zu tilgen, wozu Hetzparolen gegen Minderheiten und opportunistisches Nachgeben von Politikern und Meinungsträgern in unserer Geschichte geführt haben, darf es kein Schweigen geben.

Die Auseinandersetzung mit dem Werk Amos Oz' verhilft auch zu einem besseren Verständnis des einzigartigen Verhältnisses zwischen Israelis und Deutschen; und sie verhilft zu einem besseren Verständnis der Konflikte in Israel. In dem Band »Im Lande Israel« wird die Schwierigkeit geradezu körperlich spürbar, von den zahllosen Monologen zu Dialogen zu gelangen: zwischen aschkenasischen und sephardischen Juden, zwischen Westbank-Siedlern und Intellektuellen, zwischen Religiösen, Sozialisten, Liberalen und Ultraorthodoxen. Wer Israel verstehen will, sollte sich auf diese – trotz ihres Ernstes stets amüsante – Anatomie der israelischen Gesellschaft einlassen.

Mit Amos Oz erhält ein großer Schriftsteller und politischer Denker den Friedenspreis des Börsenvereins des Deutschen Buchhandels. Sehr verehrter Herr Oz, ich gratuliere Ihnen von Herzen zu dieser Auszeichnung und wünsche Ihnen für Ihre weitere Arbeit und für Ihr Land alles Gute, und das heißt für Israel immer und vor allem Frieden.

Siegfried Lenz

Laudatio

Kein Schriftsteller der Gegenwart – da bin ich mir sicher – läßt seine erfundenen Personen so oft Nachrichten hören wie Amos Oz. Vor welche Tagesprobleme er sie auch stellt, welche Heimsuchungen er ihnen bereitet, was er sie auch erleben und erleiden läßt: Plötzlich läßt er sie alle Hypotheken ihres privaten Schicksals vergessen und setzt sie ans Radio, vors Fernsehen. Als hätte sie ein Appell erreicht oder als folgten sie der schreckhaften Erinnerung, eine lebensentscheidende Medizin einnehmen zu müssen, hören seine erfundenen Personen schnell noch die letzten Nachrichten. Der Zwang ist so bemerkenswert, daß sie sogar ihren Schlaf unterbrechen, um nicht die 23-Uhr-Nachrichten zu versäumen. Hungrig auf das Neueste, bedürftig nach dem letzten Stand der Dinge, scheinen sie sich Klarheit darüber verschaffen zu müssen, ob die bevorstehende Nacht problemlos sein wird. Sie möchten vorbereitet sein, möchten nicht überrascht werden – von einer befürchteten Katastrophe ebensowenig wie von einem lange ersehnten Wunder, zum Beispiel dem Wunder ungefährdeter Existenz. »Wer weiß«, heißt es einmal im »Perfekten Frieden«, »welche Berechnungen da im Dunkel der

Nacht angestellt werden, welche Lagebewertungen, welche schwindelerregenden Möglichkeiten die Feldherren und die Experten flüsternd diskutieren, ebenso wie es Mann und Frau im nächtlichen Schlafzimmer tun: Was wird werden?« Die Sehnsucht nach Gewißheiten, der oft verzweifelte Wunsch, im Verläßlichen zu leben: Sie kennzeichnen israelische Wirklichkeit – eine Wirklichkeit, der Amos Oz auf eigene, auf empfindliche und erschütternde Art Ausdruck verliehen hat. Es ist klar: Wo die Realität zu wünschen übrigläßt, wachsen Träume, blühen Visionen. Sie entstehen wie von selbst, sie sind Antwort, sie sind Gegenentwurf, sie sind aus Notwehr geborene Korrekturmodelle für ein annehmbares Dasein. Was ihnen zugrunde liegt, ist das Eingeständnis: So kann es nicht bleiben; und was von ihnen ausgeht, ist ein Plädoyer für Veränderung, ist eine Überredung zum Wandel. Auch wenn wir wissen, daß die Träume scheitern, die Visionen nie einlösbar sind – wir riskieren es wieder und wieder, sie einer ungenügenden Wirklichkeit entgegenzusetzen, ähnlich wie die handelnden Personen im Werk von Amos Oz, seine Lehrer, seine Kibbuzniks, seine Aussteiger, Agenten, Angestellten, Studenten und weltberühmten Gelehrten. All diese von der Realität enttäuschten Zeitgenossen scheitern nicht allein deshalb, weil ihre Träume zu monumental sind, sondern weil es in der grundsätzlichen Beschaffenheit aller Träume liegt, zu zerfallen, sobald sie verwirklicht werden. Der große Geschichtenerzähler Amos Oz beweist es uns mit den epischen Berichten aus seinem Land, aus Israel.

Doch schon sein Großvater, der aus Odessa stammte, gab ein Beispiel dafür, daß es sich ohne Träume nicht leben läßt, ohne den phantastischen Entwurf, der die Realität zurückweist. Im fernen Odessa schrieb er Gedichte auf Jerusalem, sentimentale, süße Gesänge, wie Amos Oz erzählt, in denen eine Stadt gefeiert wird, in der»die Straßen mit Smaragden gepflastert sind und Engel an den Straßenecken herumstehen«. Er schrieb auf russisch. Als es ihn dann selbst nach Jerusalem verschlug, als er sich der Wirklichkeit der Heiligen Stadt ausgesetzt fand, fragte ihn sein Enkel, ob es nicht an der Zeit sei, sein Bild von Jerusalem zu korrigieren. Der alte Dichter war empört:»Was zum Teufel weißt du über das echte Jerusalem«, brüllte er,»das echte Jerusalem ist das meiner Gedichte.«

Israels Träume sind aus Sorge, aus Not, aus Angst geborene Träume. Was sie erklärt, ist die jahrtausendealte jüdische Geschichte mit ihren Zeugnissen von Leiderfahrung und Exil, von Hoffnung und Tränen, von Sehnsucht und endlicher Sicherheit. Denn Jude sein, heißt es in»Black Box«,»das bedeutet einstecken und durchstehen und unverwandt weiterschreiten auf unserem uralten Pfad. Das ist die ganze Tora auf einem Bein: sich überwinden und durchstehen. Und auch sehr gut begreifen, weswegen das Leben dich geschlagen hat...«.

Einmal, im Kibbuz Hulda, sagte mir Amos Oz: Wenn du Israel verstehen willst, wenn du die Seele des Landes wirklich erfahren willst, dann geh nachts durch die Straßen. In der sommerlichen Hitze der Nacht schlafen viele Leute auf ihren Balkonen. Wer stillsteht, still geht, hört sie in ihren Angstträumen seufzen und stöhnen und wimmern, sie träumen in mehreren Sprachen, überwältigt von Vergangenheiten, die nicht aufhören wollen.

Auch seine eigene Familie, die aus Rußland und Polen stammt – überzeugte, kosmopolitisch denkende Europäer –, blieb nicht verschont von den Delirien der Zeitgeschichte, mußte, Wahn und Gewalt weichend, auf den»uralten Pfad«, der Rettung, der Überleben versprach. Amos Oz' Vater, ein namhafter Literaturwissenschaftler, der sechzehn europäische Sprachen beherrschte, wurde nicht, wovon er träumte – Professor an der Hebräischen Universität –, doch er fand eine Stelle als Bibliothekar in Jerusalem. Die Bücher, die er schrieb, werden mit Hochachtung genannt. Hier, in dieser Stadt der Könige und Propheten, der Weltverbesserer und Schmerzensmänner, wurde Amos Oz geboren, und wann immer er sie beschreibt: Erstaunlich oft stellt er sie im Regen dar, nur selten beschwört er sie in ihrem einzigartigen Licht: »Jerusalem, das Wunschziel vieler Generationen in den dunklen Tiefen der Diaspora.« Es hielt ihn nicht sehr lange in seiner Stadt. Schon in jungen Jahren – als fünfzehnjähriger – verließ er sie und ging in einen Kibbuz; dieser Entschluß stellte wohl eine Rebellion gegen das intellektuelle Elternhaus dar, gewiß aber wurde er auch durch das leidenschaftliche Bedürfnis nahegelegt, in einer solidarischen Gemeinschaft an der Kultivierung des Bodens teilzuhaben. »Die Wüste und das trockene Land sollen sich freuen, die Steppe soll jubeln und blühen. Denn in der Wüste brechen Quellen hervor, und Bäche fließen in der Steppe.« Die Vision eines alten Kibbuzniks veranschaulicht die Begeisterung des Aufbruchs.

Für viele Jahre blieb der Kibbuz der Ort für Amos Oz. Hier begann er zu schreiben, hier begann er zu veröffentlichen, hier unterrichtete er, hier formulierte er seine Erwartungen an den Schriftsteller. Und hier, so schrieb er in seinem Brief aus Arad, entdeckte er auch eines Tages besondere Schuldgefühle gegenüber denen, die gepflügt und gemolken und Äpfel gepflückt und sich damit ihr Mittagessen verdient hatten, während er gerade eineinhalb Zeilen geschrieben und sechs Zeilen vom Vortag gelöscht hatte: – das vorübergehende Dilemma des Schriftstellers in einer körperlich hart arbeitenden Gesellschaft. Ich sage: vorübergehend, denn in seinem Werk hat Amos Oz – bildhaft und bezwingend wie Heinrich Heine – die Bedeutung bestätigt, die die Literatur seit jeher für einen Juden gehabt hat: Unsere Pyramiden, sagte er einmal, sind aus Büchern errichtet.

In dem imponierenden, dem sprachmächtigen Werk von Amos Oz hat mir manches zu denken gegeben; ganz besonders aber die dargestellten Entscheidungsnöte von Menschen, die sich dem Zwang ausgesetzt sehen, ein neues Leben zu planen. Gewiß, sein Werk spiegelt sehr viel mehr: Es zeigt die Spannungen und Gefährdungen der israelischen Gesellschaft, es zeigt die Krisen, die hochgestimmten Aufbrüchen folgen, es begründet den Antagonismus zwischen Kollektiv und Individuum und stellt die Frage, ob Kriege auch vergebens gewonnen werden können. Mich aber berührten immer wieder die Situationen, in denen der Autor seine Personen dahin bringt, ein neues Leben zu planen. Wo ein neues Leben geplant wird oder geplant werden muß, möchte man das verflossene als vergangen, als mißglückt und überholt ansehen. Aber ist das möglich? Kann man sich von einer Vergangenheit amputieren? Kann man, den neuen Lebensentwurf im Blick, den bedrückenden Fundus der Erfahrungen übergehen? Amos Oz gibt uns zu verstehen, daß gewisse Vergangenheiten nicht enden und daß eine übermächtige Gegenwart Einspruch erhebt gegen allzu bedenkenlose Pläne.

Seine erfundenen Personen, die sich verheißungsvolle Ziele wählen, werden irgendwann zurückverwiesen auf die Forderungen des Tages, einer unbarmherzigen Wirklichkeit, zu der die Komplexität alltäglichen Lebens ebenso gehört wie die permanente Bedrohung durch den Feind an den Grenzen.»... denn hier ist doch alles Heer und Militär« heißt es im »Perfekten Frieden«, das »ganze Volk Armee, das ganze Land Front«. Dennoch hören sie nicht auf, ein neues Leben zu planen – vor allem die Jungen, die sich vom Enthusiasmus und der Ausdauer der Gründerväter kaum noch verpflichten lassen.

Die Wirklichkeit hat verschiedene Aspekte, kann verschieden ausgelegt werden; nicht interpretierbar aber ist die Tatsache, daß Israel seit siebzig Jahren unter einer Todesdrohung lebt: Arabische Führer haben keinen Zweifel daran gelassen, welch ein Schicksal sie dem Land und den Menschen bereiten möchten. Unter solch einer Drohung zu leben, kann nicht folgenlos bleiben, es beeinflußt die Mentalität, die Psyche, es nötigt zu Skepsis und Hellhörigkeit und hält die Ängste wach.

Niemand kann die Tragik der Situation übersehen, zumal, wenn man diese lange Existenzbedrohung Israels vor dem Hintergrund jüdischer Geschichte bewertet. Wie reagiert ein Schriftsteller auf diese Lage? Welche Forderungen stellt er – angesichts eines kollektiven Todesurteils über sein Volk – an sich selbst? Was bewirkt er, er, der auf den unterwandernden Einfluß von Wörtern vertraut, auf die Überzeugungskraft der Sprache? Amos Oz, der Mann, den wir heute ehren, hat ein Beispiel dafür gegeben, was ein Schriftsteller tun kann, um den Frieden in einem Land zu bereiten, in dem Starrsinn, Vorurteil und Haß unentwegt Opfer fordern.

Daß er in all seinen Romanen auf das israelisch-arabische Verhältnis eingeht, ist nur selbstverständlich. Sein inständiges Werben für Verständigung ist unüberhörbar. Er, dessen Selbstversetzung in andere Charaktere oft erstaunen läßt, weist unermüdlich auf die Gottesebenbildlichkeit des Menschen hin. Er, der Erzähler, mahnt und beschwört, überredet und klagt an, wo es not tut. Keinem erspart er die Wahrheit. Geschieht etwas, was er für eine Schande hält, dann spricht er von »unserer Schande«.

Wenn eine seiner epischen Personen in den Nachrichten hört, daß ein junger Araber von einem Plastikgeschoß tödlich getroffen wurde, dann läßt er sie sich über das Passiv in öffentlichen Verlautbarungen ereifern. Und wenn eine andere Person erfährt, daß ein Kibbuzmitglied von einem Araber erschossen wurde, dann quittiert sie diese Tat mit dem Bekenntnis: Nicht die Araber sind unsere Feinde, sondern der Haß. Ihm, dem scharfsinnigen Beobachter, bleibt bewußt, daß die Selbstbeschuldigung zum jüdischen Wesen gehört – im Unterschied, wie er feststellt, zu deutscher Art, denn hierzulande wird die Schande vornehmlich als eine Sache der anderen angesehen. Amos Oz zögert nicht, seinen Landsleuten Selbstgerechtigkeit gegenüber den Arabern vorzuwerfen; andererseits weist er die Araber darauf hin, daß sie sich darin gefallen, ein von Vorurteil verdunkeltes Bild Israels zu pflegen. Seine Bücher sind auch Einladungen zu einem Erkenntnisprozeß: Gemeinsam sollten beide Seiten zunächst versuchen, einander sehen zu lernen – ohne Trugbilder, ohne Ideologie.

Der Schriftsteller weiß selbstverständlich, daß die Wirkung von Literatur unkalkulierbar, nicht abrufbar ist, daß sie weder auf ein Losungswort hin Kräfte mobilisieren noch auf eine Parole hin Politik beeinflussen kann.

Von der Notwendigkeit überzeugt, den israelisch-arabischen, aber zunächst einmal den israelisch-palästinensischen Konflikt auf friedliche Art beizulegen, gründete Amos Oz mit Gleichgesinnten die Peace now-Bewegung. Diese Bewegung ist, wie er einmal selbst sagte, keine Partei, sondern eher eine Stimmung, die mit der Aktualität wächst oder schrumpft. Illusionslos, pragmatisch, begleitet vom Protest der Falken treten ihre Mitglieder, die fast alle einmal in einem Krieg kämpfen mußten, dafür ein, Frieden mit den Palästinensern zu schließen. In der Gewißheit, daß auch die Palästinenser im Herzen den Wunsch nach Frieden hegen, setzen sie jeder extremistischen Politik ihr Konzept einer Zwei-Staaten-Lösung entgegen. Sie, die »peaceniks«, wie Amos Oz sie nennt, befürworten ausdrücklich die Souveränität und Nationalstaatlichkeit Palästinas – allerdings nur um den Preis verläßlicher Sicherheitsgarantien. Wer durch Blut und Feuer mußte, hat wohl keine andere Wahl, als auf einem durch Garantien gesicherten Frieden zu bestehen, noch bevor man sich darum bemüht, Vertrauen zu schaffen. Vertrauen, sagt Amos Oz – und seine und die Erfahrungen seiner Landsleute nötigen zu dieser Feststellung –, Vertrauen ist ein wünschenswertes Resultat des Friedens, doch was am Anfang stehen muß, ist ein Friedensvertrag. Über den Inhalt eines möglichen Friedensvertrags besteht Einmütigkeit unter den Friedensaktivisten: Die nationalen Rechte der Palästinenser werden grundsätzlich anerkannt; die Besiedlung der besetzten Gebiete wird beendet; Land wird zurückgegeben für den Preis solider Sicherheit.

Ins Bild gefaßt: Es muß eine faire, eine nüchterne Scheidung sein, wie nach einer gescheiterten Ehe, und da man nicht über beliebige Möglichkeiten verfügt, muß die Wohnung geteilt werden. Mit seinem Gespür, das sich Amos Oz als »Spezialist für vergleichenden Fanatismus« erworben hat – einen Titel, den er sich wohl achselzuckend, selbst gegeben hat –, sieht er die Zeit für Verhandlungen gekommen. Auch wenn der arabische Fundamentalismus manche Erwartungen beeinträchtigt: Die von etlichen arabischen Staaten geäußerte Bereitschaft zur Koexistenz mit Israel rechtfertigt gewisse Hoffnungen. Auf Versammlungen und Demonstrationen, in Artikeln und Aufrufen nimmt dieser Schriftsteller das Wort, um für seine Konzeption eines gewaltlosen Zusammenlebens zu werben: Initiativen unterstützend, die dem Frieden förderlich sind, zornig protestierend, wenn Gewalt zu eskalieren und ein neuer Krieg auszubrechen droht. Unbeirrbar, gefaßt auf Widerspruch, ehrsam umstritten, wie es für einen Rufer wie ihn unausbleiblich ist, geht er seinen Weg. Politiker zu werden: dafür hält Amos Oz sich nicht für qualifiziert genug, denn er könnte niemals »no comment« sagen.

Über seinen Friedensbegriff läßt Amos Oz, der selbst in zwei Kriegen kämpfte, kämpfen mußte – im Sinai und auf dem Golan –, keinen im unklaren. Manche einäugigen Friedensschwärmer werden wohl aufhorchen, wenn sie erfahren, daß er sich nicht für einen Pazifisten hält, und daß er, um es überspitzt zu sagen, nicht bereit ist, gewaltsam für Gewaltlosigkeit in jeder Lage einzutreten. Wer einmal verurteilt war, mit dem Rücken zur Wand zu kämpfen, kommt wohl oder übel zu eigenen Schlußfolgerungen. Und so bekennt er: »Während die deutsche Friedensbewegung behauptet, daß der Krieg das absolut Böse ist, sage ich als Angehöriger unserer Friedensbewegung, daß Aggression das absolut Böse ist; während die europäische Friedensbewegung behauptet, daß alles, wirklich alles der Gewalt vorzuziehen ist, behaupte ich, daß eine Einzelperson oder ein Land, die unter allen Umständen Gewalt vermeiden wollen, Gewalt heraufbeschwören.« Ein Friedenskämpfer, der bereit ist, die Waffe in die Hand zu nehmen? Allerdings, doch niemals, wenn es um nationale Interessen geht, um Gebietsansprüche, um Prestige oder Ressourcen. Der Kampf ist nur das letzte Mittel, auf das man zurückgreift, wenn es um Leben und Tod der eigenen Familie geht oder wenn das eigene Volk versklavt zu werden droht. Leben und Freiheit: Nichts unterhalb dieser Schwelle, sagt Amos Oz, könnte mich oder meine Mitstreiter in der Friedensbewegung dazu bringen, zu kämpfen. Kann einer weitergehen in seiner Friedenswilligkeit? Kann einer mehr einbringen, zumal wenn er die Parolen arabischer Politiker vernehmen muß, die dazu auffordern, die Juden ins Meer zu treiben?

Wenn ich Amos Oz richtig verstanden habe, dann beweist sich für ihn Friedensfähigkeit auch in der unbedingten Bereitschaft zum Kompromiß. Geben, um zu behalten; verzichten, um zu bewahren; entgegenkommen, um sich zu einigen: Mit allem, was er einschließt, bietet der Kompromiß eine Hoffnung auf realistische Lösungen. Die Versteifung aufs Absolute ist keine Alternative. Die Forderungen, die im Namen des Absoluten gestellt wurden, haben noch jedesmal eine furchtbare Schreckensspur in der Welt hinterlassen. Auch deshalb hört der Schriftsteller nicht auf, beredt für den Kompromiß zu werben, für die zwar naheliegende, doch aus Starrsinn verschmähte Einigungsformel, zu der die Vernunft rät. Partei zu nehmen, sich einzumischen in öffentliche Angelegenheiten ist etwas Selbstverständliches für ihn; jüdische Tradition verlangt es sogar.

Es ist klar, daß im Werk eines israelischen Schriftstellers der Gegenwart von Deutschland die Rede sein muß. Wer nicht gelitten hat, hat nicht gelebt, heißt es in einem frühen Roman von Amos Oz, und als Bewahrer und Erinnerer hat der Schriftsteller keine andere Wahl, als durchlebtes Leid aufzuheben. Er kann es nicht übergehen, wenn er die Menschen seines Landes in ihrer Eigenart darstellt. Als traumatische Erfahrung wirkt das Leid fort: Es erklärt Obsessionen und Weigerungen, es begründet die Gebrochenheit eines Charakters, es macht die Sehnsüchte und die schweren Träume verständlich. Immer wieder – und wir sind nicht überrascht – begegnen wir in diesem Erzählwerk Menschen, die, wenn sie ihre Biographie überdenken, nach Deutschland blicken müssen; denn hier liegt der Erklärungsgrund für unfaßbares Schicksal. Hier liegt die Antwort auf verzweifeltes Fragen. Hier stößt sich die suchende Erinnerung immer von neuem wund. Vielfältig sind die Lebensäußerungen und Erfahrungen, die unwillkürlich auf Deutschland verweisen; sie tun es bereits, unscheinbar, wenn eine alte Frau ein mangelhaftes Hebräisch mit polnischem Akzent spricht, und sie drücken sich in der selbstverständlichen Achtung aus, die man einem Überlebenden des Holocaust entgegenbringt. Beiläufig manchmal, doch unüberhörbar, zeigt Amos Oz, welch eine unerbittliche Nähe zu Deutschland besteht, welch eine Verantwortung Deutschland hat für die Existenznot vieler Menschen in Israel. Und da es so ist, kann es nur eine Konsequenz geben: Die Existenz des jüdischen Volkes ist auch ein deutsches Problem. Gewiß sind wir verpflichtet, uns gegen jede Art von genozider Politik aufzulehnen, gleich, wo in der Welt sie erkennbar wird, doch wenn die Existenz Israels bedroht ist, sind wir es in besonderem Maße. Unsere Erbschaft läßt uns keine Wahl.

Der Erzähler Amos Oz klärt uns darüber auf, daß es im Hebräischen kein Äquivalent für das Wort »Glück« gibt; es gibt das Wort »Freude«, aber keine Entsprechung für »Glück«. Diese Tatsache, scheint mir, trägt in nicht unerheblichem Maß zum Verständnis seines bewundernswerten

Werks bei. Hier nämlich erzählt einer, der, bedrängt von Wirklichkeit, auch selber verstehen möchte, warum es den Menschen so oft mißlingt, Frieden bei sich selbst zu finden.

Er stellt sie mit ihren Idealen vor, teilnahmsvoll oder jedenfalls mit Langmut schildert er ihre Versuche zur Selbstbefreiung aus unerträglicher Lebenslage, er verschafft ihnen eine Gelegenheit zur Erkenntnis und läßt sie scheitern – an ihresgleichen oder an sich selbst. Was den Erzähler in ihm weckte, sagt Amos Oz, war immer das menschliche Elend, die Einsamkeit, der Verlust von Illusionen – das Scheitern. Im Spektrum seiner Romane spielen deshalb Abschiede eine wesentliche Rolle: Abschiede von der Gemeinschaft des Kibbuz, Abschiede von Grundsätzen oder einem einst geliebten Partner. Das ist kennzeichnend für seine Protagonisten: Sie sind fast alle auf der Suche nach Sicherheit und Liebe, Liebe inspiriert ihre Handlungen, Liebe führt sie auf Irrwege – der Verlust von Liebe kommt mitunter einer Lebensgefährdung gleich. Was zum Schluß bleibt, ist häufig genug ein Rückzug auf sich selbst.

Aufschlußreich, was dieser souveräne Erzähler, den wir heute ehren, über die Entstehung einer Geschichte sagt: »Wenn ich voller Übereinstimmung mit mir selbst bin, so erläutert er, gleichgültig, worum es sich dabei handelt: um einen Teil des Lebens oder den Aufbau des Landes: dann schreibe ich einen Artikel. Wenn ich jedoch auch nur ein bißchen ambivalent bin, wenn ich mehr als eine Stimme in mir habe, wenn ich mehrere Seiten, drei, vier oder fünf in mir spüre, dann kann ich diese Widersprüchlichkeit, die Verschiedenartigkeit der Stimmen zu dem Embryo einer Geschichte machen. Vielleicht können die verschiedenen Stimmen zu verschiedenen Charakteren werden, und wenn es Charaktere gibt, dann geraten sie in Konflikte, und die Konflikte ergeben Handlung.« Diese knappe Genealogie einer Geschichte wird durch meine persönliche Wahrnehmung beglaubigt: Leben behauptet sich zwischen Hinneigung und Abwehr, zwischen Spruch und Widerspruch, zwischen Zustimmung und Zurückweisung.

Doch welcher Art sind die Konflikte, die der Erzähler austragen läßt? An welchen Personen stellt er sie im einzelnen dar? Um dies deutlich zu machen, ist es wohl unerläßlich, einige seiner Romane zu nennen, die, facetten- und metaphernreich, ein authentisches Bild israelischer Wirklichkeit vermitteln.

In »Black Box« werden sozusagen die Absturzursachen einer Ehe aufgeklärt: Alexander Gideon, ein Gelehrter, der mit einer Studie in »Vergleichendem Fanatismus« internationales Ansehen erworben hat, setzt sich in weitläufigen Korrespondenzen mit seiner geschiedenen Frau auseinander. Hart und abweisend nach außen, nachgiebig und keinesfalls gefühlsarm im stillen, bringt er seinen eigenen, seinen problematischen Charakter zum Vorschein. Da seine ehemalige Frau, die auf eine »Erlösung durch Liebe« wartet, mit der Erziehung ihres gemeinsamen Sohnes nicht fertig wird, bittet sie den großen Gelehrten um Hilfe, und diese lange andauernde Hilfeleistung für den Sohn Boas wird für manche der Beteiligten zu einem Rollenspiel mit durchaus fragwürdigem Resultat: Sie demaskieren sich als selbstgefällige, als begehrliche, als machtbesessene Individuen, die signalhaft zeigen, daß es einen wünschenswerten Dialog in der Gesellschaft kaum noch gibt. – An Jonathan Lifschitz, dem Protagonisten aus »Der perfekte Frieden«, stellt Amos Oz nicht allein den Generationskonflikt dar, sondern macht auch deutlich, an welche Grenzen der Aussteiger gerät, der den Verheißungen von Luftspiegelungen folgt. In der bedrohlichen Schönheit der Negev-Wüste, gestreift von der Erfahrung der Todesnähe, erkennt Jonathan, daß das Leben, das ihm angemessen ist, doch nur in seinem Kibbuz zu finden ist, in einer von Einengung und auch Bevormundung gekennzeichneten Gemeinschaft, die mittlerweile auch alte Pioniere für überprüfenswert halten. Ein Opfer ihrer Träume und unangemessenen Erwartungen ist auch Hannah, die Hauptfigur des Romans »Mein Michael«. Sie, die Literaturstudentin, heiratet einen sachlichen, auf seine Karriere bedachten Studenten der Geologie. Während der ersten Schwangerschaft bricht sie ihr Studium ab, flüchtet sich in Krankheiten, verfällt in Depressionen – Krieg und die Situation des Landes bekümmern sie nicht. Sie glaubt erkannt zu haben, daß sie um ihr Leben betrogen wurde; was ihr bleibt, sind ihre Phantasien, in denen sie unter anderem die arabischen Zwillingsbrüder beschwört, mit denen sie als Kind gespielt hat. Ihnen fühlt sie sich so verbunden, daß sie sie – wenn auch nur träumend – mit einem furchtbaren Auftrag betraut.

Viele der Werke von Amos Oz verdienen es, noch genannt zu werden: »Keiner bleibt allein« zum Beispiel, ein Roman, der die menschlichen Konflikte in einem Kibbuz spiegelt, in einer Welt, in der der Traktor mit Panzerplatten verkleidet wird, in der ein Melker nachts Hegel und Saint-Simon liest und in der sich die Probleme genossenschaftlichen Lebens wie zwangsläufig zu erkennen geben. Oder »Eine Frau erkennen«, ein Buch, in dem ein Geheimagent des Mossad erfährt, wie Vergangenheit und Gegenwart sich prekär durchdringen, und schließlich und nicht zuletzt »Der dritte Zustand«, dies Meisterwerk über den politischen Theoretiker Fima, der, ähnlich wie Pascal, »Gewöhnung als den Beginn des Todes« ansieht und der sein Dasein rechtfertigt, indem er alles und jeden leidenschaftlich kritisiert und korrigiert. Ich halte das Buch für eine subtile, eine wunderbare Inschutznahme des Intellektuellen.

Umfangreich ist das Werk von Amos Oz. In seinen parabolischen Geschichten, in seinen luziden Essays finde ich eine Diagnose der Gegenwart. Mit Erbarmen und Erbitterung, mit Trauer, Scharfsinn und seinem abgründigen Humor erzählt er von Menschen, die dazu verurteilt sind, die Rätsel und Widersprüche des Lebens auszuhalten. Dabei bringt er die Gründe zum Vorschein, die uns unfriedlich sein lassen, und indem er das tut, verweist er zugleich auf eine Friedensmöglichkeit.

Wie ich höre, hängt im Arbeitszimmer von Amos Oz, in Arad, am Rande der Wüste, eine wohl launige Urkunde, eine »Lizenz«, die es Amos Oz erlaubt, solange er lebt, das zu sagen, was sein Herz bewegt! Lieber Amos, ich wünsche Dir sehr, daß in nicht allzu ferner Zeit noch einige gleichlautende Lizenzen dazukommen, in allen nur möglichen, aber ganz besonders in den Sprachen Deiner Nachbarn.

Amos Oz

Peace and Love and Compromise
Frieden und Liebe und Kompromiß

"כי הנני בורא שמים חדשים וארץ חדשה... כי הנני בורא את ירושלים גילה ועמה משוש...

ובנו בתים וישבו ונטעו כרמים ואכלו פרים... זאב וטלה ירעו כאחד ואריה כבקר יאכל תבן...

לא ירעו ולא ישחיתו בכל הר קדשי אמר ה' " (ישעיהו ס"ה 17 - 25).

בזה הוא השלום השמימי. אסור לנו לחדול לקוות לבואו, אבל אסור גם לשבת להמתין לו בלי
מעשה.

לעומת השלום השמיימי יש בתנ"ך גם שלום ארצי, מעשי. כך אומר אברהם ללוט בן אחיו:

"אל נא תהי מריבה ביני וביניך ובין רועי ובין רועיך כי אנשים אחים אנחנו: הלא כל הארץ

לפניך, הפרד נא מעלי, אם השמאל - ואימינה, ואם הימין - ואשמאילה..." (בראשית י"ג 8 -
9).

The prophet Isaiah says: "The wolf and the lamb shall feed
together; and the lion shall eat straw like the bullock; and dust
shall be the serpent's meat. They shall not hurt nor destroy in
all my holy mountain, saith the Lord." (Isaiah 65, 17–25)
    Aside from this celestial peace, the Bible also deals with
temporal, prosaic peace: "And Abraham said to Lot (his
nephew): Let there be no conflict between me and you or

between my herdsmen and your herdsmen, for we ARE brothers. Behold, the whole land is before you, please part from me. If you go left I will turn right, and if you turn right I will go left." (Genesis 13, 8–9)

And this, I think, is a model of pragmatic peace in an imperfect world: precisely in order for people to remain on brotherly terms with each other, it is sometimes necessary to define their respective places. While aspiring to a loving union, we must nevertheless work within the boundaries of our human limitations.

Ladies and Gentlemen, one hundred and forty four years ago, more than five hundred people assembled in this church to create a democratic Germany. Had they succeeded, not only the destiny of Germany and of Europe might have been different, the destiny of my people and of my own family would have been different.

In the early nineteen thirties, my family left Eastern Europe for Jerusalem, carrying with them a wound that never healed: they had regarded themselves as Europeans while most of Europe regarded them as unwanted cosmopolitans. They used to speak Russian and Polish with each other, read German and English for culture, dreamed in Yiddish, but me – they taught only Hebrew. Perhaps they feared that if I knew European languages I might be seduced by the deadly charms of Europe, from where my parents were virtually kicked out through antisemitism and persecution. And yet, throughout my childhood, my parents used to say to me, with pain and longing in their voices, that one day our Jerusalem will become a "real city". For them it meant a city with a river, with a cathedral in the middle, and with forests round about. They ached for Europe as much as they feared it. Now I know that such a mixture of emotions is called unrequited love. In the twenties and in the thirties, while my parents regarded themselves as Europeans, almost everyone else in Europe was pan-Germanic or pan-Slavic or a Bulgarian patriot. The

38

Europeans in Europe at that time were mostly Jews like my family. The creation of modern Israel is, among other things, an outcome of the sad realization in the hearts of many Jews, including my family, that even though in some times and in some places there existed a deep and creative relationship between guest and host, it was time to return home and to rebuild it. The original hope was to build this home on the foundations of peace and justice. The mass-murder of the European Jews, the bloody conflict with the Arabs, and the tragic clash with the Palestinians have somewhat frustrated the idealistic dreams of the founders of Israel. A fair and comprehensive peace will provide a chance to start over.

The reason I have conjured up these ghosts today is that my literary work and my peace activity are both inspired by this past. And yet I believe that the past should have no dominion. I reject all forms of tyranny of the past.

I also wish to convey to you the deep sense of ambivalence I feel here today: a Jew in a church, an Israeli in Germany, a peace activist who has twice gone to the battlefield because of his conviction that the ultimate evil is not war itself but aggression.

Jews and Germans – what can we spek about? What MUST we discuss together? Well, one subject is our parents and grandparents. The other subject is the future. European civilization and Jewish civilization were married for a long time. The marriage was destroyed by an evil crime. But there were offspring from this union. There are European genes in our culture, and there are Jewish genes in your culture. These genes are not only ghosts – they contain a common ground for mutual creativity in the future. I won't use the term "normalization". What I am hoping for is intensification of the dialogue – including the pain, the horror, and the unrequited love. Because to me, the way to avoid the dangers of history-poisoning or history-addiction is to regard history not as a heap of facts, a mountain of oppressive memories, but rather as a fertile field of enquiry and interpretation, thus using the past as building material for the future.

As I watch the attacks against refugees in Germany, I am well aware of the fact that Germany has probably received more of the recent refugees than has any other West-European country. Racists and fanatics exist elsewhere as well. But the question is, where are the very many people who should be out in the streets defending their own country from itself?

The fire in Sachsenhausen may have been meant to erase Germany's monstrous past. But it is not the past that burns in Sachsenhausen – the past, yours and ours, cannot burn. No, it is German present and German future which is in danger of catching fire.

This is not merely a question of Germany's duty to protect new immigrants and to watch over Jewish Memorial Sites – it is rather the urgent challenge facing the Germans to defend themselves now, against violent racism and against indifference.

How can we benefit from the past? What can Auschwitz still do for the living, apart from injecting horror, grief, and silence? Perhaps, among other things, it can bring the urgent realization that evil exists. Evil exists not just in the way accidents exist; not just as an impersonal, faceless social or bureaucratic phenomenon. Not just as a stuffed dinosaur in a museum. Evil is an ever-present option, around and inside ourselves. The horrors of prejudice and cruelty are not simply a result of the perpetual clash between the sweet and simple person-in-the-street and the monstrous political establishment. The sweet and simple person-in-the-street is often neither sweet nor simple. Rather, there is a constant clash between relatively decent societies and bloody ones. To be more precise, we have to worry about the frequent cowardice of relatively decent individuals and societies whenever they have to confront the ruthless and oppressive ones.

In short: Evil is not just "out there" – it is lurking inside, sometimes cunningly disguised as devotion or idealism.

Now, how can one be humane, which means skeptical and capable of moral ambivalence, and at the same time try to combat evil? How can one stand against fanaticism without becoming a fanatic? How can one fight for a noble cause without becoming a fighter? How can one struggle against cruelty without catching it? How can one use history while avoiding the toxic effects of an overdose of history? A few years ago, in Vienna, I saw a street demonstration of a group of environmentalists, protesting against scientific experiments on guinea pigs. They carried placards with the image of Jesus surrounded by suffering guinea pigs. The slogan read: "He loved them too."

Maybe he did, but some of the protestors looked to me almost as if they might eventually be capable of shooting hostages in order to bring an end to the sufferings of the guinea pigs. This syndrome of fiery idealism, or of anti-fanatic fanaticism, is something to which well-meaning people should be alert, here, there, and everywhere. As a storyteller and as a political activist, I constantly remind myself that distinguishing good from evil is relatively easy. The real moral challenge is to differentiate between different shades of gray; to grade evil and to try to map it; to distinguish between bad and worse and worst.

For many years I have been devoted to the Israeli peace movement, even before "Shalom Achshav" ("Peace Now") was established in 1977. The peace movement in Israel is not a pacifist movement, nor is it a product of American and Western European sensibilities of the Sixties. The West Bank and Gaza are not Vietnam and Afghanistan. Israel is not South Africa, and the Israeli-Arab conflict has very little in common with imperialist and colonial histories. The peace

41

movement in Israel is, in my view, an expression of the humanistic sides of Zionism and of the universalistic aspects of Judaism.

Twice in my life, in '67 and in '73, I have been on the battlefield and seen the monstrous face of war. And still I maintain that you never extinguish aggression by giving in to it, and that there are only two things which justify fighting: life and freedom. I will fight again if anyone tries to take my life or the life of the next person. I will fight if anyone tries to turn me into a slave. But I will never fight for "ancestral rights", or for extra space, or for resources, or for the deceitful notion of "national interests."

The conflict between Israel and Palestine is a tragic clash between right and right, between two very convincing claims. Such a tragedy can either be resolved by total destruction of one of the parties (or both of them), or else it can be resolved through a sad, painful, inconsistent compromise in which everyone gets only some of what they want, so that nobody is entirely happy but everyone stops dying and starts living. Palestine will have independence and security in part of the land; Israel will live in peace and security in another part of the land. There is a good chance eventually for gradual reconciliation, for a cessation of the arms race, for developing a common market and for healing the wounds.

Our peace movement in Israel is NOT pro-Palestinian. There is an absolute need to make peace between Israelis and Palestinians, and consequently between Israel and the Arab countries – not for guilt and atonement but for life itself. We, the Israelis, are in Israel to stay. The Palestinians are in Palestine, and they will not got away. We have to become, at least, reasonable next-door neighbours.

Yet even as I advocate the partition of one small land between two nations, I am still convinced that this is no more than a measure born out of necessity. I regard nation states as a bad and insufficient system. I think that upon this crowded, poverty-stricken and decomposing planet of ours there should exist hundreds of civilizations, thousands of traditions, millions of regional and local communities – but no nation states. Especially now, when national self-determination has deteriorated into bloody desintegration in some parts of the world, threatening to turn each of us into an island, there ought to be an alternative vision. There ought to be ways of fulfilling various legitimate yearnings for identity and self-definition within a comprehensive commonwealth of all humankind. We ought to be building a polyphonic world, rather than a cacophony of separate, selfish nation states. Our human condition, our solitude on the face of a vulnerable planet, facing the cold cosmic silence, the unavoidable ironies of life, and the merciless presence of death, all of these should at long last evoke a sense of human solidarity, overruling the sound and fury of our differences. Flag-patriotism must give way to humanity-patriotism, earth-patriotism, patriotism of the forests, the water, the air, and the light: creative relations with creation itself.

What can a storyteller do about all of this beyond telling stories? Is it reasonable for a writer to hope to bring about a certain change of heart? I have only partial answers to these questions. Take old man Tolstoy, for example: he probably had more direct impact over his contemporaries than any novelist throughout history: millions read him, hundreds of thousands regarded him as a prophet. And yet, just seven years after his spectacular, "Biblical" death, Russia was taken over not by Tolstoyans but by characters out of Dostoevsky's "Possessed." Ultimately, the Stavrogins destroyed the Tolstoyans, butchered Turgenev's protagonists, re-executed Dostoevsky himself. Barely a decade after Tolstoy's death, Tolstoyanism was pronounced a subversive idea in he land of the Soviets. So much for the actual impact of literature on politics and on the direction of history. I could have picked my examples from Germany just as easily as from Russia.

Now, having implied that history completely ignores literary visions, I shall take a deep breath and immediately proceed to contradict myself: let us note the fact that seventy years after Lenin's cataclysm, Russia is returning perhaps not to Tolstoy but, ironically, to a somewhat Chekovian condition of melancholy and paralysis.

Coming from Israel, having grown up in Jerusalem, I am of course aware of the varied impact of the Bible on the creation of Israel and on some of its present torment. Sometimes it almost seems as if everything in Israel had sprung out of books. "The State of the Jews" is the title of a book published fifty years before it became a nation, alive and kicking (indeed sometimes kicking too hard). "Tel Aviv" was a volume of futuristic narrative ten years before the very first house was built in that city. The kibbutz, too, is an uneasy liaison between certain Jewish traditions and pe-revolutionary Socialist texts.

Having said that literature has no influence and then that it has, what am I really saying? In a nutshell, I do believe that sometimes a book can change the lives of many people – but not necessarily in the way the author intended. And even this almost never happens overnight. Rather it happens after many years, often through grave distortion and simplification. Frequently we discover that evil books and hate-filled books travel much faster than good and subtle ones.

Some people may imagine that in the land of the prophets and within the tradition of the prophets, writers and poets assume a prophetic role. In some Western traditions, writers are regarded primarily as fine and subtle entertainers. In the Jewish tradition, or should I say, in the Judeo-Slavic tradition, people expect them to act as substitutes for the prophets. Some are indeed tempted to do so from time to time. Yet let us not forget that even the prophets, in their time, were not particularly successful in changing the minds of their rulers or the hearts of the people. It would therefore be utterly romantic to expect present-day writers and poets to be more influential than the prophets were in their day.

But forget the prophecy. Is there anything, anything at all, that writers know better than taxi drivers, or computer programmers or even politicians? What, if anything, should support the widespread expectation that literature can provide guidance and that writers can serve as the conscience of society?

Well, one thing is that which writers may have in common with secret agents: when you write a story or a novel, you are putting yourself into other people's shoes, if not inside their skin. You constantly imagine that you are him or her. You give voice to a number of conflicting and contradicting points of view with an equal degree of empathy, of passion, and, sometimes, of compassion. This may help you to sharpen the emotional and the intellectual capacity to see the validity of various, mutually exclusive points of view about the same issue.

The other "qualification" is the intimate relationship with language: a person who spends half of his life choosing between different adverbs and adjectives, examining nouns and verbs, tormenting himself over punctuation, such a person may also be well equipped to sense the early signs of corruption of language. There is no need to tell you that tainted language often heralds the worst atrocities. Wherever particular groups of human beings are called "negative elements" or "parasites" or "undesirable aliens", for example, sooner or later they will be treated as less than human.

So: writers are equipped to serve as the smoke-detectors of language, and perhaps as the fire brigade of language. They may be the first to smell a dehumanizing vocabulary – and hence their moral obligation to scream "Fire!" whenever they smell it. (Whether anyone will pay attention is a different question: Let's remember Kierkegaard's tale about the actor who shouted "Fire!", whereupon the entire audience clapped their hands and shouted "Bravo!")

Whether moving mountains or only shifting semi-colons, writers are primarily experts in choosing words, arranging and rearranging them over and over again. I think that the selection and arrangement of words is, in a small way, a moral choice. In preferring a particular verb, in avoiding cliches and idioms, or in using them upside down, you make a decision which may have at least a microscopic ethical consequence. Words can kill: this we know only too well. But words can, in small measure, also heal sometimes.

Here is my dilemma: what should a man of words do if he happens to live next door to injustice, to prejudice and to violence? What should this man do when all he has is a pen, a voice, and sometimes a relatively attentive audience? What do you do when basic decency demands that you try to combat political evil, rather than just observe, describe, and decipher it? How do you go about making what seems to be an impossible choice between civic decency and artistic integrity?

Is it immoral for a writer to turn his pen into a political weapon, or is it immoral for him not to beat his pen into a polemic sword?

I do not have a universally-valid answer. All I can share with you is my own inconsistent compromise. I have been involved in politics, without giving myself over entirely to the crude craft of producing manifestos, coarse sermons, or simplistic political allegories.

Whenever I find that I agree with myself one hundred per cent, I don't write a story: I write an angry article telling my government what to do, sometimes telling it where to go (not that it listens). But if I find more than just one argument in me, more than just one voice, it sometimes happens that the different voices develop into characters and then I know that I

46

am pregnant with a story. I write stories precisely when I can step into several antagonistic claims, diverse moral stances, conflicting emotional positions. There is an old Hassidic tale about a rabbi who is called upon to judge two conflicting claims to the same goat. He decrees that both claimants are right. Later, at home, his wife says that this is impossible: how can both be right when they claim the same goat? The rabbi reflects for a moment and says, "You know, dear wife, you are right too." . . .

Well, sometimes I am that rabbi.

Our readers in Israel do not always draw the line between narrative and essay. They often read a simplistic political message into what was meant to be a polyphonic story. Readers outside of Israel also tend to read our literature as political allegory – but this is often the fate of novels which come out of troubled parts of the world. You think you have written a piece of chamber music, a tale of one family, but your readers and critics say, "Aha! Surely the mother represents the old values; the father is the government; and the daughter must be the symbol of the shattered economy."

At the end of the day – and I mean quite literally, at the end of almost every day, full of sound and fury, there comes the time for a small, still voice: This is the time when I sometimes reflect, not on this or that useful political argument, not even about the right adverb for a stubborn sentence in a story, but – for example – about Jesus' famous words, "Forgive them, for they know not what they do!" In fact, I think he was wrong, not about forgiveness, but about the knowledge. I think we all know very well what we do. Deep down we know. We have all eaten from the fruit of the tree whose full name is "The Tree of Knowledge of Good and Evil". I am convinced that every human being knows very well what pain is – we all experience pain – and therefore, whenever a human being inflicts pain, or worse, on another human being, he knows what he is doing.

This is my simple credo. And since we know what we are

47

doing whenever we inflict pain on others, we are also responsible for what we are doing. We may still forgive, we may still be forgiven, but NOT on the grounds of childish innocence or of moral infantility.

What am I doing now, coming all the way from Jerusalem to Paulskirche to pick a fight with Jesus? Well, we Jews have never managed to keep our differences to ourselves.

And sometimes, at the end of the day, I reflect about Immanuel Kant's observation on "the crooked timber of humanity, from which you can never crave anything entirely straight." ("... aus so krummem Holze, woraus der Mensch gemacht ist, kann nichts ganz Gerades gezimmert werden.") Again and again I wonder why, for thousands of years, so many redeemers, ideologues, world-reformers have been endlessly trying to do just that, often using saws and axes, trying to crave something straight and shapely from the crooked timber of humanity. Instead of trying vainly to change each other, why don't we simply remind ourselves from time to time that no one should add more pain to the anguish already designated for us in life and by death. That deep down below, all our secrets ARE the same? That no man is an island? (John Donne) That death shall have no dominion? (Dylan Thomas)

Ultimately, as the evening breeze begins to blow over the darkening hills of the desert, you pick up your pen and start writing again, working like an old fashioned watchmaker, with a magnifying glass in your eye and a pair of tweezers between your fingers; holding and inspecting an adjective against the light, changing a faulty adverb, tightening a loose verb, reshaping a worn-out idiom. This is the time when what you are feeling inside you is far from political righteousness. It is rather a strange blend of rage and compassion; of intimacy with your characters mingled with utter detachment. Like icy fire. And you write. You write, not as someone struggling for peace, but more like someone who begets peace and feels

48

eager to share it with the readers; writing with a simple ethical imperative: Try to understand everything. Forgive some. And forget nothing.

Write about what? The Israeli poet, Natan Zach, has given me a good definition of my subject matter:
"This is a poem about people
About what they think
And about what they want
And about what they think
they want.
Few other things in the world
Deserve our attention . . ."

And so I write about people and what they think and what they want and what they think they want. What else is out there? Well, there is also the primeval chorus: Death and desire, loneliness and lunacy, vanity, void, dream, and desolation. There are the gushing rivers and the silent mountains, and oceans and deserts. And there is, of course, language itself – the most dangerous of all musical instruments. Ultimately, there are those ancient, grumpy Siamese twins, Good and Evil, moving from life to books and back, never separated, never satisfied, always wagging their skeletal fingers at you, making you sometimes wish you were a musician instead. But no: you are confined to words, thus responsible for every misuse of words, at least within your own language.

The defense of language is my own way of promoting peace: a ceaseless struggle against the degradation of language, against the perpetuation of stereotypes, racism, and intolerance, against the celebration of violence. Time and again I have been appalled by the words which are used to promote even my own novels in civilized countries: "powerful", "smashing", "overwhelming", "explosive".

I do not believe in the possibility of a perfect peace – remember the "crooked timber of humanity." Rather, I work for a sad, sober, imperfect compromise between indiviuals and between communities, who are bound always to remain divided and different but who are nevertheless capable of working out an imperfect coexistence. The Psalmist says, "Mercy and truth are met together; justice and peace have touched." (Psalm 85, 10–11) Yet the Talmud points out an inherent tension between justice and peace, and offers a more pragmatic concept: "But where justice prevails, there is no peace, and where peace prevails, there is no justice. So where is justice that contains peace? Indeed it is in partition." (Sanhedrin 6, p.2)

Rabbi Nachman of Bratslav, (1772–1810), one of the outstanding leaders of the Hassidic movement, says: "The essence of making peace is in bringing together two opposites. Never panic . . . when you see two parties who are totally antagonistic to each other . . . indeed it is the crux of the wholeness of peace, to attempt to bring peace between two opposites." (Likutei Ha'Moharan, Part A)

All I can add to this is just the notion that only death is perfect. Peace, like life itself, is not a burst of love or mystical communion between enemies but precisely a fair and sensible compromise between opposites.

I wish to thank the German Publishers and Booksellers Association for honouring me with this very significant award, thus perhaps endorsing Israel's spirit of peace, and the moral and political attitudes of the majority of Hebrew literature. I wish to thank my dear friend and my beloved novelist, Siegfried Lenz, for introducing me so warmly today and for introducing some of Germany to me through his novels and essays.

I wish to thank my friends for being here today, and most of all, I wish to thank my wife and my children for providing me with love and peace.

To all of you, Shalom!

Der Prophet Jesaja sagt:»Denn schon erschaffe ich einen neuen Himmel und eine neue Erde . . . Denn ich mache aus Jerusalem Jubel und aus seinen Einwohnern Freude . . . Wolf und Lamm weiden zusammen, der Löwe frißt Stroh wie das Rind, doch die Schlange nährt sich von Staub. Man tut nichts Böses mehr und begeht kein Verbrechen auf meinem ganzen Heiligen Berg, spricht der Herr« (Jesaja 65, 17–18,25).

Neben diesem himmlischen Frieden handelt die Bibel auch vom zeitlichen, prosaischen Frieden:»Da sagte Abraham zu Lot (seinem Neffen): Zwischen mir und dir, zwischen meinen und deinen Hirten soll es keinen Streit geben; wir sind doch Brüder. Liegt nicht das ganze Land vor dir? Trenn dich also von mir! Wenn du nach links willst, gehe ich nach rechts; wenn du nach rechts willst, gehe ich nach links« (Genesis 13, 8–9).

Und dies ist meiner Meinung nach das Modell eines pragmatischen Friedens in einer unvollkommenen Welt: Gerade damit Menschen weiterhin miteinander brüderlichen Umgang pflegen, ist es manchmal notwendig, ihre jeweiligen Gebiete abzugrenzen. Während wir nach einer Vereinigung in Liebe streben, müssen wir gleichwohl den von unserer menschlichen Endlichkeit gesetzten Grenzen Rechnung tragen.

Meine Damen und Herren, vor 144 Jahren versammelten sich mehr als 500 Menschen in dieser Paulskirche, um ein demokratisches Deutschland zu schaffen. Wäre ihnen Erfolg beschieden gewesen, hätte nicht nur das Schicksal Deutschlands und Europas vielleicht einen anderen Verlauf genommen, auch das Schicksal meines Volkes und meiner eigenen Familie wäre ein anderes gewesen.

In den frühen dreißiger Jahren machte sich meine Familie aus Osteuropa auf den Weg nach Jerusalem, mit einer Wunde versehen, die niemals heilen sollte: Sie hatten sich als Europäer betrachtet, während der größte Teil Europas in ihnen unerwünschte Kosmopoliten sah. Miteinander sprachen sie Russisch und Polnisch, sie lasen der Kultur wegen Deutsch und Englisch, sie träumten Jiddisch, mich aber lehrten sie einzig und allein Hebräisch. Vielleicht fürchteten sie, falls ich europäische Sprachen beherrschte, könnte ich von den tödlichen Reizen Europas verführt werden, jenes Europas, das meine Eltern durch Antisemitismus und Verfolgung buchstäblich hinausgeschmissen hatte. Und dennoch sagten meine Eltern mir während meiner gesamten Kindheit immer wieder, mit Schmerz und Sehnsucht in der Stimme, daß unser Jerusalem eines Tages eine »wirkliche Stadt« werden würde. In ihren Augen hieß das, eine Stadt mit einem Fluß, einer Kathedrale im Zentrum und mit Wäldern ringsherum. Sie sehnten sich nach Europa in demselben Maße, wie sie sich davor fürchteten. Inzwischen weiß ich, daß man ein derartiges Durcheinander von Gefühlen »unerwiderte Liebe« nennt. In den zwanziger und dreißiger Jahren, als sich meine Eltern für Europäer hielten, war beinahe jedermann in Europa ein Pan-Germane, ein Pan-Slawe oder ein bulgarischer Patriot. Die wirklichen Europäer im damaligen Europa waren zum größten Teil Juden wie meine Familie.

Die Schaffung des modernen Israel ist unter anderem ein Ergebnis der traurigen Erkenntnis vieler Juden, auch meiner Familie, daß zwar zuweilen und hier und dort eine tiefe und schöpferische Beziehung zwischen Gästen und Gastgebern zustande gekommen war, es aber gleichwohl an der Zeit war, in die Heimat zurückzukehren und diese Heimat wieder aufzubauen. Die ursprüngliche Hoffnung bestand darin, diese Heimat auf der Grundlage von Frieden und Gerechtigkeit zu errichten. Der Massenmord an den europäischen Juden, die blutige Auseinandersetzung mit den Arabern und der tragische Konflikt mit den Palästinensern haben die idealistischen Träume der Gründer Israels in gewisser Weise zunichte gemacht. Ein gerechter und umfassender Frieden wird die Chance zu einem Neuanfang bieten.

Der Grund, warum ich diese Geister heute morgen heraufbeschwöre, liegt darin, daß meine schriftstellerische Tätigkeit wie auch mein Engagement für den Frieden von dieser Vergangenheit geprägt sind. Dennoch bin ich der Meinung, daß die Vergangenheit keine Herrschaft über uns erlangen darf. Jegliche Form einer Tyrannei der Vergangenheit ist mir zuwider.

Ich möchte Ihnen auch meine tiefe Zwiespältigkeit, die ich heute hier empfinde, nicht verhehlen: Ein Jude in einer Kirche, ein Israeli in Deutschland, ein Mitglied der Friedensbewegung, das zweimal aufs Schlachtfeld gezogen ist wegen seiner Überzeugung, daß das äußerste Übel nicht der Krieg ist, sondern die Aggression.

Juden und Deutsche – worüber können wir sprechen? Was *müssen* wir miteinander besprechen? Ein Thema sind unsere Eltern und Großeltern, das andere Thema betrifft die Zukunft. Die europäische und die jüdische Zivilisation waren lange innig miteinander verbunden. Diese Verbindung wurde durch ein böses Verbrechen zerstört. Aus dieser

Verbindung gingen jedoch Nachkommen hervor. In unserer Kultur finden sich europäische Erbanlagen, und in Ihrer Kultur finden sich jüdische Erbanlagen. Sie sind nicht nur Phantasien, sie enthalten die gemeinsame Grundlage für eine gegenseitige schöpferische Beeinflussung der Zukunft. Ich möchte hier nicht den Ausdruck »Normalisierung« verwenden. Worauf ich hoffe, ist eine Verstärkung des Dialogs, der Schmerz, Entsetzen und unerwiderte Liebe nicht ausschließt. Meiner Meinung nach kann man die Gefahren der Geschichtsvergiftung oder Geschichtsabhängigkeit nur dadurch umgehen, daß man die Geschichte nicht als einen Haufen von Fakten, einen Berg von erdrückenden Erinnerungen ansieht, sondern vielmehr als ein fruchtbares Feld von Erkundungen und Interpretationen, indem man also die Vergangenheit als Baumaterial für die Zukunft verwendet.

Angesichts der Angriffe auf Einwanderer in Deutschland bin ich mir der Tatsache bewußt, daß Deutschland wahrscheinlich in der letzten Zeit mehr Flüchtlinge aufgenommen hat als jedes andere westeuropäische Land. Rassisten und Fanatiker gibt es auch andernorts, aber es stellt sich doch die Frage: Wo sind die Menschenmassen, die auf die Straße gehen, um dieses Land zu verteidigen?

Der Brandanschlag auf die Gedenkstätte Sachsenhausen sollte wohl darauf zielen, die monströse Vergangenheit Deutschlands auszulöschen. Aber nicht die Vergangenheit wird in Sachsenhausen verbrannt – die Vergangenheit, Ihre wie auch unsere, kann man nicht verbrennen. Nein, in Gefahr, Feuer zu fangen, sind Deutschlands Gegenwart und Zukunft.

Heute hat Deutschland nicht nur die Pflicht, den Einwanderern Schutz zu gewähren und jüdische Gedenkstätten zu schützen – heute sind die Deutschen mit der unabweisbaren Herausforderung konfrontiert, sich selbst gegen gewalttätigen Rassismus und Gleichgültigkeit zu verteidigen.

Wie können wir aus der Vergangenheit Nutzen ziehen?
Was kann Auschwitz den Lebenden heute noch bedeuten,
über Schrecken, Schmerz und Schweigen hinaus? Vielleicht
kann es neben anderem die dringliche Erkenntnis vermitteln,
daß es das Böse gibt. Das Böse existiert nicht etwa in der Art
wie ein Unfall, nicht wie ein unpersönliches, geschichtsloses
soziales oder bürokatisches Phänomen, nicht wie ein ausge-
stopfter Dinosaurier in einem Museum. Das Böse ist eine all-
gegenwärtige Möglichkeit, um uns herum und in uns selbst.
Vorurteil und Grausamkeit zeigen ihre schreckliche Gestalt
nicht etwa in dem ständigen Zusammenprall zwischen dem
netten, einfachen Mann auf der Straße und dem fürchterli-
chen politischen System. Der nette, einfache Mann auf der
Straße ist häufig weder nett noch einfach. Vielmehr stoßen
ständig relativ anständige Gesellschaften mit mörderischen
Gesellschaften zusammen. Um es noch genauer zu sagen: Es
besteht Grund zu der Sorge darüber, daß relativ anständige
Menschen und Gesellschaften sich häufig feige verhalten,
wenn sie sich rücksichtslosen und grausamen Menschen und
Gesellschaften ausgesetzt sehen. Kurz, das Böse ist nicht
etwa »da draußen« – es lauert im Inneren, manchmal listiger-
weise hinter der Maske der Hingabe oder des Idealismus.

Wie kann man aber human sein, also skeptisch und moralischer Zwiespältigkeit fähig, und gleichzeitig versuchen, das
Böse zu bekämpfen? Wie kann man gegen Fanatismus
angehen, ohne fanatisch zu werden? Wie kann man für eine
edle Sache kämpfen, ohne zum Kämpfer zu werden? Wie
kann man Grausamkeit entschieden bekämpfen, ohne sich
selbst anzustecken? Wie kann man aus der Geschichte
Nutzen ziehen und gleichzeitig die giftigen Auswirkungen
einer Überdosis Geschichte vermeiden? Vor einigen Jahren
sah ich in Wien eine Straßendemonstration von Umwelt-
schützern, die gegen wissenschaftliche Experimente an
Meerschweinchen protestierten. Sie trugen Schilder, auf
denen Jesus abgebildet war, umgeben von leidenden Meer-

schweinchen. Die Aufschrift lautete: »Er hat auch sie geliebt.«

Vielleicht hat er das, aber einige Demonstranten wirkten auf mich beinahe so, als seien sie letztlich fähig, Geiseln zu erschießen, um dem Leiden von Meerschweinchen ein Ende zu bereiten. Dieses Syndrom eines glühenden Idealismus beziehungsweise eines antifanatischen Fanatismus sollen wohlmeinende Menschen sich bewußtmachen, hier, andernorts, überall. Als Erzähler und politisch aktiver Mensch muß ich mir unablässig in Erinnerung rufen, daß es vergleichsweise einfach ist, Gut und Böse voneinander zu unterscheiden. Die eigentliche moralische Aufgabe aber besteht darin, zwischen verschiedenen Grautönen zu unterscheiden; das Böse in seinen Abstufungen wahrzunehmen; zwischen dem Bösen, dem noch Böseren und dem Allerbösesten zu differenzieren.

Seit vielen Jahren widme ich mich nun der israelischen Friedensbewegung, schon vor der Gründung der »Frieden jetzt«-Bewegung im Jahre 1977. Die Friedensbewegung in Israel ist keine pazifistische Bewegung; sie ist auch kein Resultat der amerikanischen und westeuropäischen Sensibilisierung der sechziger Jahre. Die Westbank und der Gazastreifen sind weder Vietnam noch Afghanistan. Israel ist nicht Südafrika, und der israelisch-arabische Konflikt hat wenig mit der imperialistischen oder kolonialen Vergangenheit zu tun. Die Friedensbewegung in Israel ist für mich ein Ausdruck der humanistischen Aspekte des Zionismus und der universalistischen Züge des Judentums.

Zweimal in meinem Leben, 1967 und 1973, war ich auf dem Schlachtfeld und habe die gräßliche Fratze des Krieges gesehen. Und doch bleibe ich bei meiner Überzeugung, daß man Aggression niemals aus der Welt schafft, indem man ihr nachgibt, und daß nur zwei Dinge den bewaffneten Kampf rechtfertigen: das Leben und die Freiheit. Ich werde wieder kämpfen, wenn jemand versucht, mir oder meinem nächsten

Nachbarn nach dem Leben zu trachten. Ich werde kämpfen, wenn irgend jemand versucht, mich zum Sklaven zu machen. Aber niemals werde ich für »die Rechte der Vorväter« kämpfen, für mehr Raum, für Ressourcen, für den trügerischen Begriff »nationale Interessen«.

Die Auseinandersetzung zwischen Israelis und Palästinensern ist ein tragischer Konflikt zwischen Recht und Recht, zwischen zwei sehr überzeugenden Ansprüchen. Eine Tragödie dieser Art läßt sich entweder durch die totale Vernichtung eines der beiden Kontrahenten (oder beider) lösen oder aber durch einen traurigen, schmerzvollen, widersprüchlichen Kompromiß, wodurch jeder lediglich etwas von dem erhält, was er ursprünglich wollte, so daß niemand vollständig zufrieden ist, aber jeder dem Sterben ein Ende bereitet und sich dem Leben zuwendet. Palästina wird in einem Teil des Landes Unabhängigkeit und Sicherheit erhalten; Israel wird in einem anderen Teil des Landes in Frieden und Sicherheit leben. Irgendwann wird es durchaus möglich sein, sich allmählich zu versöhnen, dem Wettrüsten ein Ende zu setzen, einen gemeinsamen Markt aufzubauen und die Wunden heilen zu lassen.

Unsere Friedensbewegung in Israel ist *nicht* pro-palästinensisch. Es ist absolut notwendig, daß Israelis und Palästinenser Frieden schließen, und damit auch Israel und die arabischen Länder, und dies nicht aus Gründen von Schuld und Versöhnung, sondern aus Gründen des Überlebens. Wir, die Israelis, sind in Israel, um dort zu bleiben. Die Palästinenser sind in Palästina, und sie werden nicht fortgehen. Wir müssen zumindest vernünftige Nachbarn werden.

Obwohl ich mich für die Aufteilung eines kleinen Landes unter zwei Nationen einsetze, bin ich doch davon überzeugt, daß dies nur ein aus der Notwendigkeit geborener Schritt ist. Ich halte Nationalstaaten für schlechte, unzureichende Systeme. Meiner Meinung nach sollte es auf diesem überfüllten, hungergeplagten, zerfallenden Planeten Hunderte von

Zivilisationen, Tausende von Traditionen, Millionen von regionalen und lokalen Gemeinschaften geben, aber keine Nationalstaaten. Insbesondere heutzutage, da nationale Selbstbestimmung in einigen Teilen der Welt zu blutiger Desintegration verkommen ist und womöglich jeden von uns zu einer Insel machen wird, ist eine ganz andere Sicht geboten.

Wir sollten versuchen, innerhalb einer umfassenden Gemeinschaft der Menschheit die verschiedenen Wünsche nach Identität und Selbstbestimmung zu verwirklichen. Wir sollten eine vielstimmige Welt errichten und nicht eine voller Dissonanzen, voller selbständiger und selbstsüchtiger Nationalstaaten.

Unsere conditio humana, unsere Einsamkeit auf der Oberfläche eines verletzbaren Planeten, ausgesetzt dem kalten kosmischen Schweigen, der unentrinnbaren Ironie des Lebens und der gnadenlosen Gegenwart des Todes, all diese Gegebenheiten sollten letztlich ein Gefühl menschlicher Solidarität hervorrufen und den Schall und den Wahn unserer Differenzen überwinden. Der Patriotismus der Flagge muß einem Patriotismus der Humanität weichen, einem Patriotismus der Erde, der Wälder, des Wassers, der Luft und des Lichts, einer schöpferischen Beziehung zur Schöpfung selbst.

Wie kann sich hierfür ein Geschichtenerzähler einsetzen, außer dadurch, daß er eben Geschichten erzählt? Kann ein Schriftsteller vernünftigerweise hoffen, einen gewissen Wandel in den Herzen herbeizuführen? Ich habe auf alle diese Fragen nur teilweise Antworten. Nehmen Sie zum Beispiel den alten Tolstoj: Er hatte wahrscheinlich einen größeren Einfluß auf seine Zeitgenossen als jemals irgendein anderer Schriftsteller. Er wurde von Millionen gelesen, und Hunderttausende sahen in ihm einen Propheten. Gleichwohl übernahmen kaum zehn Jahre nach seinem spektakulären, »biblischen« Tod nicht etwa die Tolstojaner Rußland, sondern Gestalten aus Dostojewskis »Dämonen«. Letztlich vernichteten die Stawrogins die Tolstojaner, sie schlachteten Turgenjews Hauptfiguren und exekutierten Dostojewski im nachhinein. Keine zehn Jahre nach Tolstojs Tod galten die Ideen Tolstojs im Land der Sowjets als subversiv. Soviel zum wahren Einfluß der Literatur auf die Politik und den Gang der Geschichte. Ich hätte meine Beispiele ebenso leicht wie aus der russischen auch aus der deutschen Literatur wählen können.

Da ich nun deutlich gemacht habe, daß die Geschichte literarische Visionen gänzlich außer acht läßt, hole ich tief Luft und widerspreche mir sogleich: Ich möchte doch die Tatsache festgehalten wissen, daß siebzig Jahre nach Lenins verheerendem Umsturz Rußland vielleicht nicht zu Tolstoj zurückkehrt, wohl aber ironischerweise zu einer gewissen Tschechowschen Grundhaltung von Melancholie und Ge-lähmtsein.

Als jemand, der aus Israel kommt und in Jerusalem aufgewachsen ist, ist mir natürlich bewußt, welch vielfältigen Einfluß die Bibel auf die Schaffung Israels und auf einige heutige Plagen hat. Zuweilen hat es den Anschein, als wäre nahezu alles in Israel Büchern entsprungen. »Der Juden-staat« ist der Titel eines Buches, erschienen fünfzig Jahre bevor Israel zu einer Nation wurde, gesund und munter (tatsächlich manchmal allzu munter). »Alt-Neuland« hieß ein futuristisches Buch, dessen hebräischer Titel »Tel Aviv« lautet. Es wurde, zehn Jahre bevor man überhaupt das erste Haus in Tel Aviv erbaute, veröffentlicht. Auch der Kibbuz ist eine ruhelose Verknüpfung gewisser jüdischer Traditionen mit vorrevolutionären sozialistischen Texten.

Nachdem ich nun behauptet habe, daß Literatur keinerlei Wirkung hat, und dann das Gegenteil, stellt sich die Frage, was ich genau sagen will. Ich glaube, kurz gesagt, daß ein Buch zuweilen das Leben vieler Menschen zu ändern ver-mag, wenn auch nicht unbedingt in der Weise, wie der Autor es beabsichtigt hat. Und selbst dies geschieht fast nie im Handumdrehen, sondern erst nach vielen Jahren und häufig infolge beträchtlicher Entstellungen und Vereinfachungen. Wir stellen häufig fest, daß schlechte Bücher und Bücher voller Haß viel schneller ihren Weg machen als gute und feinsinnige Bücher.

Manch einer wird der Meinung sein, daß im Lande der Propheten und innerhalb der prophetischen Tradition Schriftsteller und Dichter die Rolle von Propheten übernehmen. In einigen westlichen Kulturen gelten Schriftsteller und Dichter hauptsächlich als hervorragende und einfühlsame Unterhalter. Innerhalb der jüdischen – oder sollte ich besser sagen: der jüdisch-slawischen – Tradition erwartet man von ihnen, daß sie als Stellvertreter der Propheten wirken. Manch einer ist tatsächlich versucht, sich hin und wieder so zu verhalten. Wir sollten aber nicht vergessen, daß selbst die Propheten zu ihrer Zeit nicht sehr viel Erfolg damit hatten, den Willen ihrer Herrscher oder das Herz ihres Volkes zu beeinflussen. Es wäre daher äußerst romantisch, erwartete man von den heutigen Schriftstellern und Dichtern, daß sie einflußreicher seien als die Propheten zu ihrer Zeit.

Lassen wir aber die Prophezeiungen beiseite. Gibt es irgend etwas, wirklich irgend etwas, was Schriftsteller genauer kennen als Taxifahrer, Programmierer oder selbst Politiker? Womit ließe sich überhaupt die weitverbreitete Erwartung begründen, wonach literarische Werke Handlungsanleitungen bieten und Schriftsteller das Gewissen der Gesellschaft sein könnten?

Eins haben wohl Schriftsteller und Geheimagenten gemeinsam: Wenn man eine Geschichte oder einen Roman schreibt, versetzt man sich in die Situation anderer Menschen, wenn nicht sogar in diese Personen selbst hinein. Man stellt sich ständig vor, man sei diese Frau oder jener Mann. Man läßt eine Reihe von einander widerstreitenden und sich widersprechenden Gesichtspunkten zu Wort kommen, und zwar mit gleicher Einfühlung, Leidenschaft und bisweilen Mitgefühl. Dadurch schärft sich wohl die emotionale und intellektuelle Fähigkeit, verschiedene, einander ausschließende Ansichten über ein und dieselbe Sache auf ihre Gültigkeit hin zu überprüfen.

Eine weitere »Qualifikation« des Schriftstellers besteht in seinem innigen Verhältnis zur Sprache. Ein Mensch, der die Hälfte seines Lebens damit verbringt, zwischen verschiedenen Adverbien und Adjektiven zu wählen, der Substantive und Verben prüft, der sich über die Interpunktion den Kopf zerbricht, ein solcher Mensch ist wahrscheinlich wohlgerüstet, die ersten Zeichen jeglicher Sprachentstellung zu bemerken. Ich brauche Ihnen nicht zu erläutern, daß eine verdorbene Sprache häufig die schlimmsten Grausamkeiten ankündigt. Wo bestimmte Menschengruppen etwa »negative Elemente« oder »Parasiten« genannt werden, wird man sie früher oder später auch nicht mehr als Menschen behandeln.

Schriftsteller sind also mit der Fähigkeit ausgestattet, als Rauchmelder, vielleicht sogar als Feuerwehr der Sprache zu dienen. Sie sind, um im Bild zu bleiben, die ersten, die eine unmenschliche Sprache wittern, und daher rührt ihre moralische Verpflichtung, »Feuer!« zu rufen, sobald sie Brandgeruch wahrnehmen. (Ob sich irgend jemand darum schert, steht auf einem anderen Blatt: Man erinnere sich an Kierkegaards Geschichte vom Schauspieler, der »Feuer!« schrie, woraufhin das gesamte Publikum applaudierte und »Bravo!« jubelte.)

Ob sie nun Berge versetzen oder nur Kommata hin und her schieben, Schriftsteller sind vor allem Fachleute für die Auswahl von Worten und deren ständige Neuordnung. Meiner Ansicht nach ist die Wahl und Ordnung von Worten in einem bescheidenen Maße eine moralische Entscheidung. Indem man einem bestimmten Verb den Vorzug gibt, Klischees und eingefahrene Bilder vermeidet oder sie im entgegengesetzten Sinn verwendet, trifft man eine Entscheidung mit zumindest mikroskopisch kleinen ethischen Folgen. Worte können töten, das wissen wir nur zu genau. Aber Worte können auch, obwohl nur begrenzt, manchmal heilen. Hier liegt mein Dilemma: Wie soll sich ein Mann der Sprache verhalten, wenn er nun einmal in unmittelbarer Nachbarschaft von Unrecht, Vorurteil und Gewalt lebt? Was kann dieser Mensch tun, wo doch alles, was er besitzt, eine Feder, eine Stimme und manchmal ein relativ aufmerksames Publikum ist? Wie soll man handeln, wenn die Grundregeln des Verhaltens fordern, politische Gemeinheiten zu bekämpfen, anstatt sie lediglich zu beobachten, zu beschreiben und zu entziffern? Wie soll man eine allem Anschein nach unmögliche Entscheidung zwischen staatsbürgerlicher Anteilnahme und künstlerischer Integrität treffen?

Handelt ein Schriftsteller unmoralisch, wenn er seine Feder zur politischen Waffe macht, oder ist es unmoralisch, wenn er seine Feder nicht in ein Schwert der Polemik verwandelt?

Ich kann Ihnen keine allgemeingültige Antwort anbieten, wohl aber meinen widersprüchlichen Kompromiß. Ich habe mich auf die Politik eingelassen, ohne mich vollständig der simplen Praxis zu verschreiben, Manifeste, undifferenzierte Predigten oder vereinfachte politische Allegorien zu verfassen.

Wenn ich feststelle, daß ich mit mir selbst hundertprozentig übereinstimme, schreibe ich keine Geschichte, sondern einen wütenden Artikel, in dem ich meiner Regierung erläutere, was sie tun soll, manchmal auch, wohin sie sich scheren soll (was nicht bedeutet, daß man mir Gehör schenken würde). Wenn ich hingegen nicht nur ein einziges Argument in mir spüre, nicht nur eine Stimme, kommt es bisweilen vor, daß sich diese unterschiedlichen Stimmen zu Gestalten entwickeln, und dann weiß ich, daß ich mit einer Geschichte schwanger gehe. Geschichten schreibe ich genau dann, wenn ich mich mit verschiedenen, einander widersprechenden

Forderungen identifizieren kann, mit einer Vielzahl moralischer Standpunkte, widerstreitender Gefühle. Es gibt eine alte chassidische Geschichte von einem Rabbi, den man ruft, um über zwei Ansprüche auf ein und dieselbe Ziege zu entscheiden. Er befindet, daß beide Parteien recht haben. Zu Hause sagt ihm später seine Frau, daß dies unmöglich sei: Wie können beide im Recht sein, wenn sie Ansprüche auf ein und dieselbe Ziege stellen? Der Rabbi denkt einen Augenblick nach und sagt: »Weißt du, meine Liebe, auch du hast recht.«

Hin und wieder bin ich dieser Rabbi.

In Israel unterscheiden die Leser nicht immer streng zwischen Fiktion und Essay. Häufig lesen sie eine einfache politische Botschaft aus einem Text heraus, der als vielstimmige Erzählung gedacht war. Außerhalb Israels neigt man ebenfalls dazu, unsere Literatur als politische Allegorie zu nehmen, aber dies ist häufig das Schicksal von Romanen, die aus unruhigen Teilen der Erde stammen. Da denkt man, man habe ein Stück Kammermusik geschrieben, die Geschichte einer Familie etwa, und was sagen die Leser und Kritiker: »Aha! Sicherlich repräsentiert die Mutter die alten Werte, der Vater steht für die Regierung, und die Tochter ist ohne Zweifel ein Symbol der zerrütteten Wirtschaft.«

Am Ende des Tages, und ich meine dies ganz buchstäblich, am Ende fast eines jeden Tages voller Schall und Wahn kommt die Zeit einer dünnen leisen Stimme (kol d'mama daka), das ist die Zeit, wenn ich manchmal nachdenke, nicht nur über dieses oder jenes nützliche politische Argument, nicht einmal über das richtige Adverb in einem widerspenstigen Satz einer Geschichte, sondern etwa über Jesus' berühmte Worte »Vergib ihnen, denn sie wissen nicht, was sie tun«. Ich bin der Meinung, daß er hier nicht recht hat, nicht was die Vergebung betrifft, sondern das Wissen. Ich glaube, wir alle wissen nur zu gut, was wir tun. Ganz tief im Innern wissen wir es. Wir haben alle von der Frucht jenes

Baumes gegessen, dessen vollständige Bezeichnung lautet »der Baum der Erkenntnis von Gut und Böse« (Ez ha da'at tow we ra'). Meiner Überzeugung nach weiß jedes menschliche Wesen sehr genau, was Schmerz ist – wir alle machen die Erfahrung des Schmerzes –, und daher weiß jedes menschliche Wesen, wenn es Schmerz zufügt, schlimmer noch, einem anderen Menschen Schmerz zufügt, was es da tut.

Dies ist mein einfaches Bekenntnis. Und da wir wissen, was wir tun, wenn wir anderen Schmerz zufügen, sind wir auch verantwortlich für das, was wir tun. Wir können immer noch vergeben, uns kann immer noch vergeben werden, aber nicht aufgrund kindlicher Unschuld oder moralischer Unreife.

Aber was tue ich hier? Da habe ich den weiten Weg von Jerusalem hierher in die Paulskirche zurückgelegt, um einen Streit mit Jesus vom Zaun zu brechen? Wir Juden haben es eben nie geschafft, unsere widersprüchlichen Ansichten für uns zu behalten. – Manchmal denke ich am Ende eines Tages über Immanuel Kants Bemerkung nach: »Aus so krummem Holze, als woraus der Mensch gemacht ist, kann nichts ganz Gerades gezimmert werden.« Immer wieder frage ich mich, warum seit Tausenden von Jahren so viele Erlöser, Ideologen und Weltverbesserer unablässig eben dies versucht haben, häufig mit Säge und Axt, nämlich etwas Gerades und Wohlgeformtes aus dem krummen Holz der Menschheit zu zimmern. Anstatt ständig ohne Ergebnis zu versuchen, einander zu ändern, sollten wir uns da nicht selber besser von Zeit zu Zeit daran erinnern, daß niemand all die Qual, die uns im Leben und durch den Tod beschieden ist, noch vergrößern sollte? Und daß tief in uns all unsere Geheimnisse wirklich ein und dieselben sind? Daß niemand eine Insel ist, wie John Donne sagt, und der Tod keine Macht haben darf, wie Dylan Thomas es nennt.

Schließlich und endlich, wenn der Abendwind über den dämmrigen Bergen der Wüste aufkommt, nimmt man seine Feder zur Hand, man beginnt wiederum zu schreiben und arbeitet wie ein altmodischer Uhrmacher; mit einem Vergrößerungsglas im Auge und einer Pinzette zwischen den Fingern; man hält ein Adjektiv prüfend gegen das Licht, wechselt ein fehlerhaftes Adverb aus, macht ein lockeres Verb wieder fest und bessert eine abgenutzte Redewendung aus. Zu dieser Tageszeit fühlt man etwas, das weit entfernt von jeglicher politischer Rechtschaffenheit ist. Es ist eher eine seltsame Mischung aus Wut und Mitleid, aus Intimität mit seinen Charakteren und gleichzeitig äußerster Distanz. Wie eisiges Feuer. Und dann schreibt man. Man schreibt nicht als jemand, der für den Frieden kämpft, sondern vielmehr als jemand, der den Frieden hervorbringt und begierig ist, diesen Frieden mit seinen Lesern zu teilen. Man schreibt unter einem einfachen ethischen Imperativ: Versuche, alles zu verstehen. Vergib manches. Und vergiß nichts.

Und worüber schreibt man? Der israelische Dichter Natan Zach hat mir eine gute Definition meiner Themen gegeben:

»Dies ist ein Gedicht über Menschen
Über das, was sie denken
Und über das, was sie wollen
Und über das, was sie meinen zu wollen.
Wenig anderes auf der Welt
Verdient unsere Beachtung . . .«

Und so schreibe ich über Menschen und was sie denken und was sie wollen und was sie meinen zu wollen. Was gibt es ansonsten dort draußen? Nun, es gibt ebenfalls seit Urzeiten jenen Chor: den Tod und das Begehren, die Einsamkeit und den Wahn, die Eitelkeit, die Leere, den Traum und die Verzweiflung. Es gibt die schäumenden Flüsse und die schweigenden Berge und die Meere und die Wüsten. Und es gibt natürlich die Sprache selbst – das gefährlichste Musikinstrument von allen. Schließlich gibt es jene uralten, verdrießlichen siamesischen Zwillinge, das Gute und das Böse, die sich aus dem Leben in die Bücher und zurück bewegen, niemals getrennt, niemals zufrieden, immer zeigen sie mit ihren knorrigen Fingern auf einen, daß man sich zuweilen wünscht, man wäre besser Musiker geworden. Aber nein: Man ist auf Worte eingeengt und damit verantwortlich für jedes falsche Wort, zumindest in der Sprache, in der man schreibt.

Die Verteidigung der Sprache ist mein Weg, den Frieden zu befördern: ein unablässiger Kampf gegen die Verschandelung der Sprache, gegen die ständige Wiederholung von Stereotypen, gegen Rassismus und Intoleranz, gegen die Verherrlichung von Gewalt. Immer wieder bin ich von Worten angewidert, die man sogar benutzt, um für Romane zu werben: »kraftvoll«, »umwerfend«, »überwältigend«, »explosiv«.

Ich glaube nicht an die Möglichkeit eines perfekten Friedens – denken Sie an jenes »krumme Holz«. Ich arbeite vielmehr für einen kläglichen, nüchternen, unvollkommenen Kompromiß zwischen einzelnen Menschen und Gemeinschaften, die immer getrennt und unterschiedlich sein werden, die aber gleichwohl fähig sind, ein unvollkommenes Miteinander herbeizuführen. Der Psalmist sagt: »Es begegnen einander Huld und Treue; Gerechtigkeit und Frieden küssen sich« (Psalm 85, 10). Der Talmud jedoch legt eine innere Spannung zwischen Gerechtigkeit und Frieden offen und bietet eine eher pragmatische Vorstellung: »Wo aber Gerechtigkeit vorherrscht, da ist kein Frieden, und wo Frieden herrscht, da ist keine Gerechtigkeit. Wo also ist Gerechtigkeit, die Frieden enthält? Sie sind in der Tat gesondert.«

Rabbi Nachman aus Brazlaw (1772–1810), einer der herausragenden Führer der chassidischen Bewegung, sagt: »Das Wesen des Friedenstiftens liegt darin, zwei Gegner zusammenzubringen. Erschrick niemals (. . .), wenn du zwei Parteien siehst, die einander vollständig entgegengesetzt sind. (. . .) Es ist in der Tat der entscheidende Punkt der Ganzheit des Friedens, zu versuchen, Frieden unter zwei Gegnern zu schaffen« (Likutei ha'Moharan, Teil A). Dem kann ich nur hinzufügen, daß allein der Tod vollkommen ist. Der Frieden ist, wie das Leben selbst, kein Ausbruch der Liebe, keine mystische Kommunion unter Feinden, sondern nicht mehr und nicht weniger als ein gerechter und vernünftiger Kompromiß unter Gegnern.

Ich möchte dem Börsenverein des Deutschen Buchhandels dafür danken, daß er mich mit diesem äußerst bedeutenden Preis ehrt und damit vielleicht Israels Geist des Friedens und die moralische wie auch politische Haltung der Mehrheit der hebräischen Literatur stärkt. Dank möchte ich meinem lieben Freund und geliebten Schriftsteller Siegfried Lenz dafür sagen, daß er mich heute morgen so warmherzig eingeführt und daß er mir durch seine Romane und Essays manches von Deutschland nahegebracht hat.

Ich danke meinen Freunden, daß sie heute hier anwesend sind; am meisten danke ich meiner Frau und meinen Kindern, daß sie mir Liebe und Frieden schenken. Ihnen allen, Shalom!

Aus dem Englischen von Christoph Groffy

STIFTUNGSRAT DER STIFTUNG FRIEDENSPREIS
Frühjahr 1992

Dorothee Hess-Maier, Ravensburg
– Vorsitzende –

Dr. Manfred Beltz Rübelmann, Weinheim

Prof. Dr. Theodor Berchem, Bonn

Günther Christiansen, Hamburg

Dr. Dr. h.c. Hildegard Hamm-Brücher, München

Gerhard Kurtze, Hamburg

Prof. Dr. Dr. h.c. Paul Raabe, Wolfenbüttel

Prof. Dr. Kurt Sontheimer, München

Prof. Dr. Gert Ueding, Tübingen

Dr. Dr. h.c. Siegfried Unseld, Frankfurt/Main

Klaus Vorpahl, Frankfurt/Main

Bibliographie

Die Werke des Friedenspreisträgers

Diese Bibliographie wurde mit der freundlichen Hilfe der Stadt- und Universitätsbibliothek Frankfurt am Main zusammengestellt, die – verantwortlich für das Sondersammelgebiet Judentum und Israel – die genannten Werke von Amos Oz besitzt.

GESPRÄCHE MIT ISRAELISCHEN SOLDATEN. (Siach Lo-Chamim). Hg. von Amos Oz u. a. Übersetzung: Susanne Euler. Frankfurt/M. (Melzer) 1970.

KEINER BLEIBT ALLEIN. (Makom Acher). Übersetzung: Nilly Mirsky und Jörg Trobitius. Düsseldorf (Claassen) 1976.

MEIN MICHAEL. (Michael Scheli). Übersetzung: Gisela Podlech-Reisse. Düsseldorf (Claassen) 1979.

– dasselbe. Frankfurt/M. (Suhrkamp Taschenbuch 1589) 1989.

ABENTEUER IN JERUSALEM. (Soumchi). Jugendbuch. Übersetzung: Trude Fein. Frauenfeld, Stuttgart (Huber) 1981.

IM LANDE ISRAEL. (Po We-Schem B-Erez Israel). Übersetzung: Raya Natenbruk. Frankfurt/M. (Suhrkamp Taschenbuch 1066) 1984.

DER PERFEKTE FRIEDEN. (Menucha Nechona). Übersetzung: Ruth Achlama. Frankfurt/M. (Insel/Suhrkamp Taschenbuch 1747) 1987.

BLACK BOX. (Kufsa Sch'chora). Übersetzung: Ruth Achlama. Frankfurt/M. (Insel) 1989.

– dasselbe. Frankfurt/M. (Suhrkamp Taschenbuch 1898) 1991.

EINE FRAU ERKENNEN. (Lada'at Ischa). Übersetzung: Ruth Achlama. Frankfurt/M. (Insel) 1991.

DER DRITTE ZUSTAND. (Ha mazaw ha schlischi). Übersetzung: Ruth Achlama. Frankfurt/M. (Insel) 1992.

BERICHT ZUR LAGE DES STAATES ISRAEL. Frankfurt/M. (Suhrkamp Taschenbuch 2192) 1992.

Aufsätze und Beiträge

BRIEF AUS ARAD. (Insel Almanach 1991, S. 21–49) Übersetzung: Krisztina Koenen.

BERICHT ZUR LAGE DES STAATES ISRAEL. (Insel Almanach 1992, S. 145–160) Übersetzung: Christoph Groffy.

DIE TRÜMMER EINER ILLUSION. Münster (SDZ-Verlag; Schriftenreihe zeitgeschichtliche Dokumentation; Jg. 5, 1982 Nr. 26) Übersetzung: Rainer Werning.

WELTVERBESSERUNG. (Verlag Volk und Welt, Berlin 1987, S. 243–254) Übersetzung: Monika Zemke.

SPRUNG INS NICHTS. (Ich ging durch Meer und Steine. Israelisches Lesebuch. Hg. Ita Kaufmann. Serie Piper, München 1989, S. 203–221) Übersetzung: Playboy Hamburg, 1962.

Englische Übersetzungen, die nicht auf deutsch erschienen.

WHERE THE JACKALS HOWL AND OTHER STORIES. (Arzot Ha-Tan). London (Chatto and Windus). Translation: Nicholas de Lange. 1981.

TOUCH THE WATER, TOUCH THE WIND. (Laga'at Ba-Majim Laga'at Ba-Ruach). London (Chatto and Windus). Translation: Nicholas de Lange. 1975.

– dasselbe. London (Flamingo) 1986.

THE HILL OF EVIL COUNSEL. (Har Ha-Eza Ha-Ra'a). London (Chatto and Windus) Translation: Nicholas de Lange. 1978.

THE SLOPES OF LEBANON. (Mimoredot Halevanon). London (Chatto and Windus). 1990.

Französische Übersetzungen, die nicht auf deutsch erschienen.

JUSQU'À LA MORT: NOUVELLES. Une amour tardif. (Ad Mavet. Ahavar Me'ucheret). Paris (Calmann-Levy). Traduction: Rina Viers. 1974.

73

Sekundärliteratur.

Feininger, Bernd: »Amos Oz verstehen – Literatur und jüdisches Erbe im heutigen Israel.« Frankfurt/M. (Lang) 1988. (Arbeiten zum Neuen Testament und Judentum 9).

Ginsburg, Alix E.: Jerusalem diminished. Aspects of Jerusalem in the Contemporary Hebrew Short Story (in the works of ... Amos Oz), Brandeis University, Phil. Diss. 1984.

Halter, Aloma: »Amos Oz: Ein Schriftsteller und sein Land«. In: Ariel. 1986. H. 64.

Biographie

Stationen des Lebens

Amos Oz

4. Mai 1939	geboren in Jerusalem als Amos Klausner, aufgewachsen in einer gebildeten rechts-zionistischen Gelehrtenfamilie, die 1917 von Odessa nach Wilna (damals Polen) geflüchtet war und von dort 1933 nach Palästina auswanderte.
1954	trat er – zwei Jahre nach dem Tod seiner Mutter – dem Kibbuz Chulda bei; Abschluß der Schule (religiöse Grundschule, weltliche Oberschule). Dort nahm er den Namen »Oz« (hebr. Kraft, Stärke) an.
1957–1960	Wehrdienst
1960–1963	Studium der Literatur und Philosophie an der Hebräischen Universität in Jerusalem. Abschluß mit dem B.A., danach Rückkehr in den Kibbuz. Arbeit im Kibbuz als Schriftsteller, Lehrer und in der Landwirtschaft.
1961–1963	Veröffentlichung der ersten Kurzgeschichten in der Literaturzeitschrift *Kesher*.

1967	während des 6-Tage-Krieges kämpfte Oz in einer Panzereinheit auf dem Sinai und
1973	während des Jom-Kippur-Krieges auf den Golan-Höhen.

Seitdem hat er sich – auch in zahlreichen Aufsätzen über den israelisch-arabischen Konflikt – für einen Kompromiß zwischen Israelis und Palästinensern ausgesprochen.

Er ist Mitbegründer und herausragender Vertreter der Friedensbewegung *Schalom achschaw* (Peace now).

Oz hat ein Jahr in Oxford studiert und wurde später wiederholt zu Vorträgen und Lesungen in die Vereinigten Staaten eingeladen. 1985 ›Writer in residence‹ am Colorado Springs College, USA.

Seine Romane und Erzählungen, deren Gesamtauflage auf 2,5 Millionen geschätzt wird, sind in 25 Sprachen übersetzt worden, die meisten von ihnen auch ins Deutsche.

1986	verließ Amos Oz mit seiner Familie den Kibbuz und lebt seitdem in Arad in der Negev-Wüste.

Er ist Professor für Hebräische Literatur an der Ben Gurion-Universität des Negev in Beer-Sheva.

DIE FRIEDENSPREISTRÄGER
DES DEUTSCHEN BUCHHANDELS

1950	Max Tau	1971	Marion Gräfin
1951	Albert Schweitzer		Dönhoff
1952	Romano Guardini	1972	Janusz Korczak
1953	Martin Buber	1973	The Club of Rome
1954	Carl J. Burckhardt	1974	Frère Roger
1955	Hermann Hesse	1975	Alfred Grosser
1956	Reinhold Schneider	1976	Max Frisch
1957	Thornton Wilder	1977	Leszek Kolakowski
1958	Karl Jaspers	1978	Astrid Lindgren
1959	Theodor Heuss	1979	Yehudi Menuhin
1960	Victor Gollancz	1980	Ernesto Cardenal
1961	Sarvepalli	1981	Lew Kopelew
	Radhakrishnan	1982	George F. Kennan
1962	Paul Tillich	1983	Manès Sperber
1963	Carl Friedrich von	1984	Octavio Paz
	Weizsäcker	1985	Teddy Kollek
1964	Gabriel Marcel	1986	Wladyslaw
1965	Nelly Sachs		Bartoszewski
1966	Augustin Bea	1987	Hans Jonas
	und Willem A. Visser	1988	Siegfried Lenz
	't Hooft	1989	Václav Havel
1967	Ernst Bloch	1990	Karl Dedecius
1968	Léopold Sédar Senghor	1991	György Konrád
1969	Alexander Mitscherlich	1992	Amos Oz
1970	Alva und Gunnar		
	Myrdal		

INHALT

Text der Urkunde
5

DOROTHEE HESS-MAIER
Vorsteherin des Börsenvereins des Deutschen Buchhandels
Begrüßung
7

ANDREAS VON SCHOELER
Oberbürgermeister der Stadt Frankfurt am Main
Begrüßung
13

SIEGFRIED LENZ
Laudatio
19

AMOS OZ
Peace and Love and Compromise
Frieden und Liebe und Kompromiß
35

Stiftungsrat der Stiftung Friedenspreis
68

Bibliographie
Die Werke des Friedenspreisträgers
69

Biographie
Stationen des Lebens
75

Die Friedenspreisträger des Deutschen Buchhandels
79